寻找属于自己的句子
陈忠实自述

陈忠实 著

陈忠实 1942年生于西安灞桥区蒋村。1965年初发表处女作。主要从事小说、散文写作。已出版《陈忠实文集》五卷、《陈忠实书效问选答》三卷、散文集《生命之雨》、《告别白鸽》、《家之脉》等。短篇小说《信任》获1979年全国奖。《渭北高原，关于一个人的记忆》获1990—1991全国报散文奖。长篇小说《白鹿原》获第四届茅盾文学奖（1998）。已译日文、朝鲜文，已在日本、韩国出版。香港、台湾以及已出版发行。现任陕西作家协会主席。

图书在版编目(CIP)数据

寻找属于自己的句子:陈忠实自述/陈忠实著.—北京:北京大学出版社,2019.5
(大家自述史系列)
ISBN 978-7-301-28400-1

Ⅰ.①寻… Ⅱ.①陈… Ⅲ.①陈忠实(1942—2016)—自传 Ⅳ.①K825.6

中国版本图书馆 CIP 数据核字(2017)第 109379 号

书　　　名	寻找属于自己的句子——陈忠实自述 XUNZHAO SHUYU ZIJI DE JUZi ——CHENZHONGSHI ZISHU
著作责任者	陈忠实　著
策划组稿	王炜烨
责任编辑	王炜烨　杨书澜
标准书号	ISBN 978-7-301-28400-1
出版发行	北京大学出版社
地　　　址	北京市海淀区成府路 205 号　100871
网　　　址	http://www.pup.cn
电子信箱	zpup@pup.cn
新浪微博	@北京大学出版社
电　　　话	邮购部 010-62752015　发行部 010-62750672 编辑部 010-62750673
印　刷　者	北京汇林印务有限公司
经　销　者	新华书店
	880 毫米×1230 毫米　32 开本　10 印张　190 千字 2019 年 5 月第 1 版　2019 年 5 月第 1 次印刷
定　　　价	48.00 元

未经许可,不得以任何方式复制或抄袭本书之部分或全部内容。
版权所有,侵权必究
举报电话: 010-62752024　电子信箱: fd@pup.pku.edu.cn
图书如有印装质量问题,请与出版部联系,电话: 010-62756370

目　录

一　意料不及的写作欲念 / 001

二　卡彭铁尔的到来,和田小娥的跃现 / 012

三　枕头,垫棺作枕 / 032

四　沉静与松弛 / 041

五　难忘1985,打开自己 / 057

六　朱先生和他的"鏊子说" / 083

七　寻找一种叙述 / 099

八　复活了的呻唤声 / 111

九　关于性,庄严与挑战 / 123

十　从追寻到转折,再到删简 / 137

十一　我的剥离 / 153

十二　原的剥离 / 175

十三　原上的革命 / 192

十四　原下，自在的去处 / 213

十五　生命历程里的一个下午 / 240

十六　读诗诵词，前所未有的闲情逸兴 / 263

后记　说一回多余的话 / 294

一　意料不及的写作欲念

至今确凿无疑地记得,是中篇小说《蓝袍先生》的写作,引发出长篇小说《白鹿原》的创作欲念的。

这部后来写到八万字的小说是我用心着意颇为得意的一次探索。它是写一个人的悲喜命运的。这个人脱下象征着封建桎梏的"蓝袍",换上象征着获得精神解放和新生的"列宁装",再到被囚禁在极"左"的心理牢笼之中,他的心理结构形态的几次颠覆和平衡过程中的欢乐和痛苦,以此来探寻这一代人的人生追求、生存向往和实际所经历的艰难历程。在作为小说主要人物蓝袍先生出台亮相的千把字序幕之后,我的笔刚刚触及他生存的古老的南原,尤其是当笔尖撞开徐家镂刻着"耕读传家"的青砖门楼下的两扇黑漆木门的时候,我的心里瞬间发生了一阵惊悚的战栗,那是一方幽深难透的宅第。也就在这一瞬,我的生活

寻找属于自己的句子

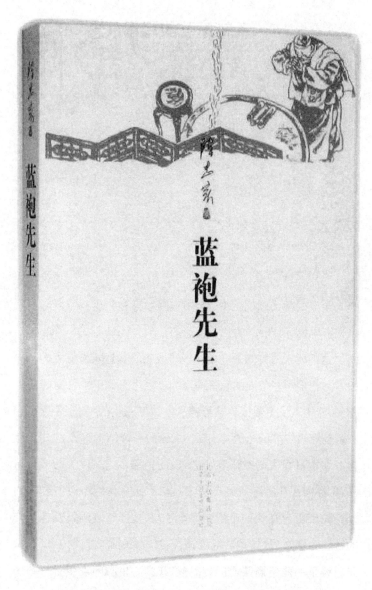

>>> 中篇小说《蓝袍先生》,引发出长篇小说《白鹿原》的创作欲念。

记忆的门板也同时打开,连自己都惊讶有这样丰厚的尚未触摸过的库存。徐家砖门楼里的宅院,和我陈旧而又生动的记忆若叠若离。我那时就顿生遗憾,构思里已成雏形的蓝袍先生,基本用不上这个宅第和我记忆仓库里的大多数存货,需得一部较大规模的小说充分展示这个青砖门楼里几代人的生活故事……长篇小说创作的欲念,竟然是在这种不经意的状态下发生了。

这确实是一次毫无准备,甚至可以说是不经意间发生的写作欲望。

这是1985年的秋天。按我当时的写作状态,对中篇小说的多种结构形式,兴趣正浓,短篇小说也还在写,只是舍不得丢弃适宜写作短篇的题材,而更重的用心已经无可逆转地偏向于中篇小说的谋划。我写中篇小说较之短篇写作只明确了一点,即每一部中篇小说都必须找到一个各个不同——起码区别于自己此前各篇的结构形式,而短篇写作几乎是随心所欲。这一次的《蓝袍先生》,不着重于故事情节,以人物生命轨迹中的生活琐事来展示人物,当然不是那些无足轻重的扯淡事儿,而努力寻找有心理冲击力的细枝末节。我当时想通过各种不同的中篇小说结构,来练习写作的基本功力,似乎还不是很明确地为未来的长篇写作做准备。可以确定地说,我在1985年夏天以前,把长篇写作尚作为较为遥远的事。主要的一点,在我对写作的意识里,长篇小说是一种令人畏怯的太大的事,几乎是可望而不敢想的事。我想唯一能使我形成这种敬畏心理的因由,是过去对诸多优秀

>> > 1985年夏,陕西省长篇小说促进会举办。在这次会议上,有几位作家当场表态要写长篇小说。路遥会后没回西安,留在延安开始起草《平凡的世界》(第一部)。会后陈忠实和路遥(右二)、贾平凹(右一)等与会者在沙漠上。

长篇包括世界名著阅读造成的畏怯心理。我此时写中篇小说正写到热处,也正写到顺手时,我想至少应该写过十个中篇小说,写作的基本功才可能练得有点眉目。

仅仅在此之前的一个月,我和陕西刚刚跃上文坛的一批青年作家参加过一次别出心裁的笔会,名曰"陕西长篇小说创作促进会"。连续两届"茅盾文学奖"评奖组织部门要求各省推荐参评作品,陕西省都推荐不出一部长篇小说,不是挑选过于严厉,而是截止到1985年夏天,陕西新老作家尚无一部长篇小说正式出版(1978年文艺复兴以来)。引发当时以胡采为首的作协领导核心重视,开会研究讨论,对陕西新冒出的青年作家的创作状况进行认真分析,结论是:起码有一部分人的艺术修养和思想能力已达到长篇写作的火候,可以考虑进入长篇小说创作,需要"促进"一下。于是便很认真地策划和筹备了这次会议,在延安和榆林两地连续举办。我参加了这次会议,有几位朋友当场就表态要写长篇小说了。确定无疑的是,路遥在这次会议结束之后没有回西安,而是留在延安坐下来起草《平凡的世界》第一部。实际上路遥早在此前一年就默默地做着这部长篇小说写作的准备了。我在会议上有一个很短却很明确的表态发言,尚无长篇小说写作的丝毫准备,什么时候产生长篇写作的欲望,没有任何考虑。我这次到陕北,除了想聆听各位朋友的意见,还偏重于想看陕北榆林的毛乌素沙漠。我还没见过真正的沙漠。我和同辈作家朋友在大沙漠上打滚,才发现那里的沙子不仅不给人沾尘土,

>>> 1985年举办的陕西省长篇小说促进会,是在延安和榆林连续举办的。会议期间,陈忠实和路遥(右一)、子页(右五)等与会者在延安鲁艺旧址。

还把我布鞋上从黄土路上带来的黄土吸附得一丝不剩了。我登上残存的古长城镇北台的殿楼——一望无际的草原,匈奴和蒙古人的铁蹄在眼前如骤风般卷来……无论如何料想不到,当关中的酷热稍有转机,秋天的凉意在清晨和夜晚发生了,我坐下来写《蓝袍先生》这部蓄意已久的中篇小说时,却撞击出长篇小说的欲念,把自己几乎都吓了一跳。

尤其是写到第三章"萌动的邪念"时,蓝袍先生与杨龟年家寡居的年轻儿媳在学堂和村巷有三次邂逅,为这个女人的美貌所惊扰,邪念刚萌而未生,就被父亲察觉了,遭遇到严厉的决不留情面的训示。我意识到这个门楼里的故事不会因一场训示而了结,还会更热闹、更富戏剧性地演绎下去。然而这些故事已不属于蓝袍先生。《蓝袍先生》仍按原先的构想耐心地写下去,长篇创作的契机就在此时确定下来。蓝袍先生刚刚萌动的邪念被父亲掐灭杜绝了,我的长篇小说创作的欲念却在此时萌生。

我自然最清楚不过,这个长篇小说尚无任何一个具体的影像。如果要找最初的影像,就是原上一幢镂嵌着"耕读传家"的四合院的门楼,我想探知这门楼里神秘的故事。我也清楚不过,这个长篇小说不仅不是中篇小说的写作,更不是一般线条较单的长篇的写作,况且如前述的我对长篇小说写作的那种畏怯,都使我以一种"急不得"的心态来处理这个欲念。事实上,我在写完《蓝袍先生》之后做短暂休整时,从一家报纸上看到一个乡村女人创办养鸡场的事迹报道,竟十分激动,冒着关中数九后的严

>>> 1987年4月,春寒料峭的早晨,陈忠实趟过灞河到了白鹿原。这是《白鹿原》出版以后建起的白鹿原文化城。

寶東陵

寒,搭乘汽车几经打问找到户县一个苹果园里,见到了这位女性。令我感兴趣的是她不甘囚禁屋院的开创型性格,更令我震惊的是红火的养鸡场破产的过程,不是经管的失措,也不是市场动荡导致的经营的亏损,而是家族利益致成的无可挽救的破败。我那时候正关注着乡村世界的变化。我写了约五千字的报告文学,随之又写了八万字的中篇小说《四妹子》。我已从生活原型的正宗关中腹地女人身上跳脱出来,写了一个陕北女子。我想探究不同地域的人的文化心理结构,相处时引发的关于生活和亲情的冲突。

《四妹子》是1986年的8月写成的。这一年的春节过后,我苦心筹备了三年的新房动工开挖地基。我在近一个月的盖新房的劳动中,常常想到高晓声的小说人物李顺大,他造起新屋的艰难和欢乐,与我的感受几乎一致。我在把工匠送出门的第二天,便迫不及待地背起挎包,趟过家门前的灞河,4月的春水还有点刺骨的感觉,再穿过对岸的村庄,到公路上搭乘通往蓝田县城的班车。左边是骊山的南坡,右边是白鹿原的北坡,中间是一道狭窄的川道。灞河从东往西流过去,一个个或大或小的村庄坐落在灞河两岸。我乘坐的公共汽车还是那种最简易设备的老公交车,所幸有一个右首靠窗的空位。我临窗而坐,第一次以一种连自己也说不准要干什么的眼光瞅住了白鹿原的北坡。坡地上的杂树已披上绿叶。麦苗正呈现出抽穗前的旺势。间杂着一坨一坨一溜一溜金黄的油菜花。荒坡上的野草正从陈年的枯干灰黑的蒙盖里呈现出勃勃的绿色。历经风雨剥蚀,这座古原的北坡被冲刷成大沟小沟。大沟和大沟之间的台地和沟梁,毫无遮蔽地展示在我的眼前,任我观瞻任我阅览。我在沉迷里竟看出天然雕像,有的像奔突的雄狮,有的像平滑的鸽子,有的像凶残暴戾的鳄鱼,有的像醉卧的老牛……我此前不知多少回看见过这些景象,而且行走其中,推车挑担或骑自行车不知有几十几回了,春草夏风秋雨冬雪里的原坡和河川,在我早已司空见惯到毫不在意,现在在我眼里顿然鲜活起来生动起来,乃至陌生起来神秘起来。一个最直接的问题旋在我的心里,且不说太远,在我之前的两代或三代人,在这个原上以怎样的社会秩序生活着?他们和他们的子孙经历过怎样的生活变化中的喜悦和灾难……以这样的心理和眼光重新阅读这座古原的时候,我发现这沉寂的原坡不单在我心里发生响动,而且弥漫着神秘的诗意。

我住进供销社办的一家旅馆,八元一晚的住宿费是全县的最高标准,也是全县最豪华的旅馆,至今我都不忘当时的作家协会领导为我提供的资金支持。我立即询问有关蓝田县历史资料保存在什么部门,以及借阅需得经过什么手续……

二　卡彭铁尔的到来，和田小娥的跃现

促使我这回到蓝田查阅资料的举动，大约有两个因素，一是如前所述，因为无意间瞅见蓝袍先生家那幢门楼里幽深的气氛，所引发的长篇小说写作的欲念，并因此而直接意识到我对生活了知的浮泛。长久以来，我很清醒，因为没有机会接受高等文科教育，所得的文学知识均是自学的，也就难以避免零碎和残缺，再加之改革开放前的极"左"文艺政策所造成的封闭和局限，我既缺乏系统坚实的文学理论基础，也受限制而未能见识阅览更广泛的文学作品。新时期以来，偏重于这方面的阅读和补缺就是很自觉也很自然的事了。至于对生活的了解和体验，我向来是比较自信的。我生在农村长在农村。我在新中国成立后的1950年入学识字。我看见过邻近的东西两个村子斗地主分田产的场面，我们村里没有一户够划地主成分的人家。我亲眼看着

陈忠实

>>> 陈忠实生长在农村,他(左一)初中毕业时,与同学们合影。

父亲把自家养的一头刚生过牛犊的黄牛,拉到刚刚成立的农业生产合作社的大槽上。到合作社变公社吃大锅饭的时候,我亲身经历过从公社食堂打回的饭由稠变稀由多变少直到饿肚子的全过程。我由学校高考名落孙山回到村子,进入一个由三个小村合办的初级小学做民办教师,另一位是年近六旬的老教师。学校设在两个村子之间的平台上,两个人合用的办公室,是一幢拆除了不知哪路神灵泥像的小庙。教室旁边是生产队的打麦场。社员出工上地下工回家经过教室门口,嬉笑声议论声和骂架声常常传进教室。后来我调入公社办的农业中学,校址也在一个村庄的前头,四周是生产队的耕地,我看着男女社员秋天播种麦子,夏天收割麦子、播种包谷再到掰(折)包谷棒子的整个劳动过程。再后来我被借用到公社帮助工作,又调动到公社当干部,整整十年。十年里,我把公社大小三十多个村庄不知走过多少回,其中在几个村庄下乡驻队多至半年,男女老少都叫得出名字,谁家的公婆关系和睦与否都知晓。直到我最后驻到渭河边一个公社,看着农民把集体畜栏槽头的牛骡拉回家去饲养,把生产队大块耕地分割成一条一块,再插上写着男人或女人名字的木牌,便意识到我在公社十年努力巩固发展的人民公社制度彻底瓦解了。

我对乡村生活的自信,不仅在于生长于兹,不仅是看着我的父亲怎样把黄牛归集体,而且我是作为最基层的一级行政管理干部,整整在其中干了十年,又把土地和牲畜分到一家一户。我

>>> 陈忠实崇拜的作家柳青,在离他不远的终南山下体验生活、连同写作《创业史》十四年,成为他的榜样。柳青与当地群众交谈。

不是旁观者的观察体验,而是实际参与者亲历的体验。我崇拜且敬重的前辈作家柳青,他在离我不过几十华里远的终南山下体验生活,连同写作《创业史》历时十四年,成为至今依然存在的一种榜样。我相信我对乡村生活的熟悉和储存的故事,起码不差柳青多少。我以为差别是在对乡村社会生活的理解和开掘的深度上,还有艺术表述的能力。恰是在蓝袍先生家门楼下的一瞥一瞥,让我顿然意识到对乡村社会的浮泛和肤浅,尤其是作为标志的1949年以前的乡村,我得进入1949年以前已经作为历史的家乡,我要了解那个时代乡村生活的形态和秩序。我对拥有生活的自信被打破了。

　　大约在这一时段,我在《世界文学》上读到魔幻现实主义的开山之作《王国》,这部不太长的长篇小说我读得迷迷糊糊,却对介绍作者卡彭铁尔创作道路的文章如获至宝。《百年孤独》和马尔科斯正风行中国文坛。我在此前已读过《百年孤独》,却不大清楚魔幻现实主义兴起和形成影响的渊源来路。卡彭铁尔艺术探索和追求的传奇性经历,使我震惊更使我得到启示和教益。拉美地区当时尚无真正意义上的文学,许多年轻作家所能学习和仿效的也是欧洲文学,尤其是刚刚兴起的现代派文艺。卡彭铁尔专程到法国定居下来,学习现代派文学开始自己的创作,几年之后,虽然创作了一些现代派小说,却几乎无声无响,引不起任何人的注意。他失望至极时决定回国,离开法国时留下一句失望而又决绝的话:在现代派的旗帜下容不得我。我读到这里时忍不住"噢哟"了一声。我当时还在认真阅读多种流派的作品。我尽管不想成为完全的现代派,却总想着可以借鉴某些乃至一两点艺术手法。卡彭铁尔的宣言让我明白了一点,现代派文学不可能适合所有作家。更富于启示意义的是卡彭铁尔之后的非凡举动,他回到故国古巴之后,当即去了海地。选择海地的唯一理由,那是在拉美地区唯一保存着纯粹黑人移民的国家。他要"寻根",寻拉美移民历史的根。这个仍然保持着纯粹非洲移民子孙的海地,他一蹲一深入就是几年,随之写出了一部《王国》。这是第一部令欧美文坛惊讶的拉丁美洲的长篇小说,惊讶到瞠目结舌,竟然找不到一个合适的词汇来给这种小说命名,即欧美现有的文学流派的称谓都把《王国》框不进去,后来终于有理论家给它想出"神奇现实主义"的称谓。《王国》在拉美地区文坛引发的震撼自不待言,被公认为是该地区现代文学的开山之作奠基之作,一批和卡彭铁尔一样徜徉在欧洲现代派光环下的拉美作家,纷纷把眼睛转向自己生存的土地。许多年后,拉美成长起一批影响欧美也波及世界的作家群体,世界文坛也找到一个更恰当的概括他们艺术共性的名词——魔幻现实主义,取代了神奇现实主义……我在卡彭铁尔富于开创意义的行程面前震惊了,首先是对拥有生活的那种自信的局限被彻底打碎,我必须立即了解我生活着的土地的昨天。

我顿然意识到连自己生活的村庄近百年演变的历史都搞不清脉络,这个纯陈姓聚居只有两户郑姓却没有一户蒋姓的村庄

寻找属于自己的句子

>>> 陈忠实农村工作多年,对那里的事情了如指掌。他早年在西安灞桥莫灵庙了解蔬菜生产情况。

陈忠实

为什么叫做蒋村。我的村子紧紧依偎着的白鹿原,至少在近代以来发生过怎样的演变,且不管两千多年前的刘邦屯兵灞上(即白鹿原)和唐代诸多诗人或行吟或隐居的太过久远的轶事。我生活的渭河流域的关中,经过周秦汉唐这些大的王朝统治中心的古长安,到封建制度崩溃民主革命兴起的上个世纪之初,他们遗落在这块土地上的,难道只有鉴古价值的那些陶人陶马陶瓶陶罐,而传承给这儿的男人女人精神和心理上的是什么……我不仅打破了盲目的自信,甚至当即产生了认知太晚的懊悔心情,这个村庄比较有议事能力的几位老者都去世了,尤其是我的父亲,他能阅读古典小说也写得一手不错的毛笔字,对陈姓村庄的渊源是了解得最多的人之一;至于我们家族这一门更是如数家珍,我年轻时常不在意他说那些陈年旧事和老祖宗的七长八短的人生故事。父亲已谢世了。我既想了解自己的村子,也想了解原上那些稠如爪蔓叶子的村庄,更想了解关中。经过一番认真的考虑,我选择了蓝田、长安和咸宁三个县作为了解对象,因由只出于一点,这三个县包围着西安。咸宁县号称陕西第一邑,曾是我的家乡隶属的县,辛亥革命完成后撤销又合并到长安县了。正是西安四周的这三个县,当是古长安作为政治经济中心辐射和影响最直接的地区,自然也应该是关中最具代表性的地区了。我首先走进蓝田,当我打开《蓝田县志》第一卷的目录时,我的第一感觉是打开了一个县的《史记》,又是一方县域的百科全书。县志上有历史沿革的分类,县域划界的伸缩变化(咸宁和

>> > 陈忠实想了解白鹿原,了解关中。

长安多次变更名称,唯独蓝田自秦设县以后一直沿用到现在);山川河流平原坡岭沟峪谷地,不仅有文字叙述,而且有图示;历代的县官名称简历和重要政绩,典型的三两位在调任离开时,沿路百姓蜂拥送行,跪拜拦轿者呼声震野;记载着蓝田地域自古以来的名人,最响亮的是宋朝的"吕氏四兄弟",先后都考中状元,都有文集著作,其中吕大临创造的哲学"合二而一"论,被杨献珍在20世纪60年代初发掘出来,遭到点名批评,形成一次关于"合二而一"与"一分为二"的哲学大辩论大批判运动。其时我刚刚从学校进入社会,在一所两人为教的初级小学任教,按照上级指示,全公社的中小学教师开过专题批判会。我久久地注视着绵薄发黄到几乎经不起翻揭的纸页,一种愧疚使我无言,我在对"合二而一"和"一分为二"几乎无知的情况下也做过"表态"发言,现在近距离面对这位尊贵的哲学家乡党的时候,领受到真正的学问家对浅薄的讽刺,也领会到人类从哲学角度认识世界的漫长和艰难。这些县志还记载着本地曾经发生过的种种灾难——战乱地震瘟疫大旱奇寒洪水冰雹黑霜蝗虫等等,造成的灾难和死亡的人数,那些数以百万计的受害受难者的幽灵浮泛在纸页字行之间,尤其是看到几大本"贞妇烈女"卷时,我意料不到的事发生了。

一部二十多卷的县志,竟然有四五个卷本,用来记录本县有文字记载以来的贞妇烈女的事迹或名字,不仅令我惊讶,更意识到贞节的崇高和沉重。我打开该卷第一页,看到记述着××村

>>> 陈忠实想到在民间听到的荡妇淫女的故事和笑话,以民间传播的方式与县志上的榜样对立着。田小娥就这样萌生了。

××氏，十五六岁出嫁到×家，隔一两年生子，不幸丧夫，抚养孩子成人，侍奉公婆，守节守志，直到终了，族人亲友感念其高风亮节，送烫金大匾牌一幅悬挂于门首。整本记载着的不同村庄不同姓氏的榜样妇女，事迹大同小异，宗旨都是坚定不移地守寡，我看过几例之后就了无兴味了。及至后几本，只记着××村××氏，连一句守节守志的事迹也没有，甚至连这位苦守一生活寡的女人的真实名字也没有，我很自然地合上志本推开不看了。就在挪开它的一阵儿，我的心里似乎颤抖了一下，这些女人用她们活泼的生命，坚守着道德规章里专门给她们设置的"志"和"节"的条律，曾经经历过怎样漫长的残酷煎熬，才换取了在县志上几厘米长的位置，可悲的是任谁恐怕都难得有读完那几本枯燥姓氏的耐心。我在那一瞬有了一种逆反的心理举动，重新把"贞妇烈女"卷搬到面前，一页一页翻开，读响每一个守贞节女人的复姓姓氏——丈夫姓前本人姓后排成××氏，为他们行一个注目礼，或者说挽歌，如果她们灵息尚存，当会感知一位作家在许多许多年后替她们叹惋。我在密密麻麻的姓氏的阅览过程里头晕眼花，竟然产生了一种完全相悖乃至恶毒的意念，田小娥的形象就是在这时候浮上我的心里。在彰显封建道德的无以数计的女性榜样的名册里，我首先感到的是最基本的作为女人本性所受到的摧残，便产生了一个纯粹出于人性本能的抗争者叛逆者的人物。这个人物的故事尚无影踪，田小娥的名字也没有设定，但她就在这一瞬跃现在我的心里。我随之想到我在民间听到的不少荡妇淫女的故事和笑话,虽然上不了县志,却以民间传播的形式跟县志上列排的榜样对抗着……这个后来被我取名"田小娥"的人物,竟然是这样完全始料不及地萌生了。

我住在蓝田县城里,平心静气地抄录着一切感兴趣的资料,绝大多数东西都没有直接的用处,我仍然兴趣十足地抄写着,竟然有厚厚的一大本,即一个硬皮活页笔记本的每一页纸抄了正面又抄背面,字迹比稿纸上的小说写得还工整。我说不清为什么要摊着工夫抄写这些明知无用的资料,而且显示出少见的耐心和静气,后来似乎意识到心理上的一种需要,需要某种沉浸,某种陈纸旧墨里的咀嚼和领悟,才能进入一种业已成为过去的乡村的氛围,才能感应到一种真实真切的社会秩序的质地。在我幼年亲历过的乡村生活的肤浅印象不仅复活了,而且丰富了。

我在这一年还写着中篇和短篇小说。在查阅县志和写作的间隙里,穿插着对我生活的这个村庄历史的了解。我找了村子里几位是我的爷辈的老汉,向他们递上一支雪茄烟。或在他的家里,或在我的刚刚启用的写作间里,我让他们讲自己所记得的村子里的事,记得什么便讲什么。许是年岁太大记忆丧失,许是耽于种种顾虑,谈得很浅,可以想到不是害怕已经逝去的歪人劣事,而是怕得罪他们活在村子里的后人。然而也不是没有收获,我和近门的一位爷爷交谈时,把范围缩小到他和我的这个陈姓的门族里。他约略记得也是从老人嘴里传下来的家族简史,这个门族的最早一位祖先,是一个很能干的人,在他手上,先盖起

>>> 陈忠实在很长的一段时间里,遍访原上原下的人们,对许多人文风俗了然在胸。他在家乡菜园和老农交谈。

了这个陈姓聚居的村庄里的第一个四合院,积累囤攒了几年,又紧贴在西边建起了第二个四合院,他的两个儿子各据一个,后来就成为东门和西门。我是东门子孙无疑。到我略知火烫冰寒的年纪,我的东门里居住着两位叔父和我的父亲。西门人丁更为兴旺,那个四合院已经成为名副其实的八家院,这位说话的爷爷就是西门的。东门西门后来再未出现过太会经营治家的人,因为后人都聚居在这两个四合院里,没有再添一间新房,也就无人迁出老宅,直到1949年新中国成立。我在弄清家族的粗略脉络之后,这位爷爷随意说出的又一个人令我心头一颤。他说他见过我的曾祖父,个子很高,腰杆儿总是挺得又端又直,从村子里走过去,那些在街巷里在门楼下袒胸露怀给孩子喂奶的女人,全都吓得跑回自家或就近躲进村人的院门里头去了。我听到这个他描述的形象和细节,是一种无以名状的激动和难以抑制的兴奋。此前我已经开始酝酿构想着的一位族长的尚属模糊平面的影像,顿时就注入了活力也呈现出质感,一下子就在我构想的白鹿村的村巷、祠堂和自家门楼里踏出声响来;这个人的禀赋、气性,几乎在这一刻达到鼻息可感的生动和具体了。也就在这一刻,我从县志上抄录的"乡约",很自然地就融进这个人的血液,不再是干死的条文,而呈现出生动与鲜活。这部由吕氏兄弟创作的《乡约》,是中国第一部用来教化和规范民众做人修养的系统完整的著作,曾推广到中国南北的乡村。我对族长这个人物写作的信心就在这一刻确立了,至于他的人生际遇和故事,由此

>>> 陈忠实在断断续续的两年时间里,进入了近百年的村庄、白鹿原、关中,形成了对以西安为枢纽神经的关中的体验与理解。

陈志宝

开始孕育。骑自行车或散步,吃饭或喝茶,在村长赐给我的二分地上锄草、培土和浇水,或在小院里栽树植花,只要是一个人独处而又不着纸笔的环境里,白嘉轩这个族长的形象就浮现出来,连同他周围的那些他喜欢的敬重的或讨厌的不屑的人,逐渐清晰起来丰满起来,故事也由单线条到网络似的复杂起来。这竟有两年多的时间,一个怀得过久的胎儿。

我在断断续续的两年时间里,进入近百年前的我的村子,我的白鹿原和我的关中;我不是研究村庄史和地域史,我很清醒而且关注,要尽可能准确地把握那个时代的人的脉象,以及他们的心理结构形态;在不同的心理结构形态中,透视政治的经济的道德的多重架构;更具妙趣的是,原有的结构遭遇新的理念新的价值观冲击的时候,不同心理结构的人会发生怎样的裂变,当是这个或欢乐或痛苦的一次又一次过程,铸成不同人物不同的心灵轨迹,自然就会呈现出各个人物的个性来……我对以西安为中枢神经的关中这块土地的理解初步形成,不是史学家的考证,也不是民俗学家的演绎和阐释,而是纯粹作为我这个生于斯长于斯的一个子民作家的理解和体验。我把这种理解全部融注到各色人物中,几乎在此前(小说写成前)没有做过任何阐述和表白。到1990年初,在中断了半年写作,而重新进入写作氛围之时,我为我家乡的一本《民间文学集成》作的序文中,第一次比较透彻或直率地袒露了我对关中这块土地的理解和体验——"作为京畿之地的咸宁,随着一个个封建王朝的兴盛走向自己的历史峰巅,自然也不可避免随着一个个王朝的垮台而跌进衰败的谷底;一次又一次王朝更迭,一次又一次老帝驾崩新帝登基,这块京畿之地有幸反复沐浴真龙天子们的徽光,也难免承受王朝末日的悲凉。难以成记的封建王朝的封建帝君们无论谁个贤明谁个残暴,却无一不是企图江山永铸万寿无疆,无一不是首当在他们宫墙周围造就一代又一代忠勇礼仪之民,所谓京门脸面。封建文化封建文明与皇族贵妃们的胭脂水洗脸水一起排泄到宫墙外的土地上,这块土地既接受文明也容纳污浊。缓慢的历史演进中,封建思想封建文化封建道德衍化成为乡约族规家法民俗,渗透到每一个乡社每一个村庄每一个家族,渗透进一代又一代平民的血液,形成一方地域上的人的特有文化心理结构。在严过刑法繁似鬃毛的乡约族规家法的桎梏之下,岂容那个敢于肆无忌惮地呼哥唤妹倾吐爱死爱活的情爱呢?即使有某个情种冒天下之大不韪而唱出一首赤裸裸的恋歌,不得流传便会被掐死;何况禁锢了的心灵,怕是极难产生那种如远山僻壤的赤裸裸的情歌的。"

这应该是我正在写作《白鹿原》时的最真实的思绪的袒露。我的白嘉轩、朱先生、鹿子霖、田小娥、黑娃以及白孝文等人物,就生活在这样一块土地上,得意着或又失意了,欢笑了旋即又痛不欲生了,刚站起来快活地走过几步又闪跌下去了……

三　枕头，垫棺作枕

我到长安县查阅县志和党史文史资料的时候，正是暑热的8月。同在蓝田县一样，只有供销社开办的唯一一家旅馆，而且客住已满，只有一个套间空着，日租金十二元。我尚未反应过来，协助我来住店的当地一位作家朋友扭过头就朝门外走去。我以为发生了什么事，急忙走出门赶上他，尚不及我问，他就气嘟嘟地说，啥房子吗就要十二块，杀人哩！我放心了，原猜疑他是不是遇见什么不友好的人哩，却是嫌房价太高。其实，我也觉得房价高，还想再交涉一下，能否调出一间普通单间来，不料他比我还倔。他便领我到紧贴着县城的乡村，说那里有农民开办的家庭旅社，很便宜。走过大街进入一个村子，再走进挂着写有"旅舍"二字的一个农家院子，在主人引领下上了一幢简易单面二层楼，楼梯是用粗钢棍焊接而成的，房间有木板床和一张桌子,还有脸盆和热水瓶,倒也可以。我在自家屋里也就是这几样必备的东西,价位每天只收两元钱。就在我要放下背包准备下榻于此的时刻,突然想到夜晚如厕的问题。主人指着楼下院子拐角的一个小厕所。我顿时就打了退堂鼓,我喜欢喝水,晚上往往要起来排泄两次,担心那个钢棍楼梯很可能在睡意朦胧时踩空,再说从楼上到楼下再到院角那个厕所来回跑一趟,肯定会弄得睡意全消无法再度入眠,且不说安全之类。我便说服我的朋友,重新回到旅馆,住了下来。这是20世纪80年代中期的住宿消费水准。十年不过,且不说大城市,即使在长安县城,一日收费几百乃至千元的宾馆已经习以为常,我经过的日租金12元的价位不但成为历史,而且成为令今人惊诧的笑话。我每当到长安开会住宿在某个宾馆,总是想到当年在长安旅馆住宿的事,说给朋友,年轻人当做不可思议的笑话,同龄朋友便有恍若隔世之叹,其实不过是十年的事。

  这应该是我平生第一次入住的套间房,倒有些不适的慌惶,每有熟人朋友来,也都无一例外地惊讶一番其豪华享受,我也随意解释几句。我到县资料馆去借阅县志,因为有了在蓝田的经历,对于"一次只能借阅一本看完再换"的政策,不仅再无异议,而且很为这种负责的精神感动了。我便小心地翻揭那些太薄太软的纸页,摘抄其中有用的资料,然后小心翼翼地用报纸包裹起来,送回县资料馆,再换一本来,每天在县城里往返跑路,腿上的劲儿一直很足。

>>> 陈忠实到长安借阅县志,小心翼翼地翻着哪些太薄太薄的纸页,摘录好有用的材料后,再包好送回资料馆,尽管条件不好,他觉得腿上的劲很足。

有天晚上，一位不速之客到来，令我受宠若惊，竟是长安县委书记程群力：一位浓眉大眼十分俊气的年轻人，不过三十出头，据说是陕西省当时最年轻的一位县委书记。他说他听某人说我住在他的辖地长安，也说到他读过我的某些小说，便来看望我，看看有什么问题和困难需要帮助解决。

我记不得当时说没说一次只能借一本县志的困难，第二天再去换借的时候，资料馆的同志把一摞县志都交给我了，我倒真有点为其安全而操心而感到负担了。程群力书记和我谈到文学，也问及是不是有新的大部头的创作计划，我隐瞒了查阅县志和资料的真实意图，只是轻描淡写地说想了解自己脚下本土的历史渊源。我没有说明想写长篇小说的意图，是不想张扬，也是不敢张扬尚无完全把握的事，更是属于长期养成的一种写作的心理习惯。一篇或长或短的小说，在画上最后一个句号之前，我是不习惯说给人听的。我经历过这样的场景，有作家朋友有了重要的创作意图，约一位或几位朋友交谈，听取意见，开拓自己的思维，完善小说构思，避免写成之后的缺陷和遗憾。我不是固执到盲目自信不愿听取好的思路，也不是怕被"调包"（曾经风闻过此类丑闻），而纯粹是个人的习惯使然。我在多年前也曾怀着虔诚的愿望，把正在谋划着的小说说给同代作家朋友，虽然听到确可采纳的建设性意见，却发生了始料不及的心理反应，即在我道出了小说构思之后，到开笔写作时，那种写作的强烈欲望变得不太强烈了，对这篇小说的新鲜感减弱了，甚至弄得兴趣消退以至索然无味,竟放弃了这篇小说的写作。这样的现象出现过三两次以后,我才面对自己反省出一个道儿来,未动笔之前的"说",实际上是撒了气儿,撒了气儿也就绽了劲儿,创作的欲望、创作的新鲜感都减弱了。如同蒸馍馍,成熟之前是不能揭开锅盖的,只有添柴烧火,达到上足气,才能蒸出好吃的馍来。后来我就把想写的小说憋着,反复酝酿,直到觉得可以动手时才铺开稿纸,直到写完,竟成了一种难以改易的写作习惯。

这习惯也有被打破的时候。就在长安县旅馆刚住下时,有一位年轻作家来访,公开身份是《长安报》编辑记者。这个小过我十多岁的人留给我的第一印象是坦诚不雕,也有点肆无忌惮,近二十年后还继续着这印象,自然由不太适应到基本适应了。我珍重交往里的真诚,就容忍人个性里的某些偏颇,更在于对虚伪和谎话的恐惧。对这个自取"下叔"笔名的年轻作家,很快就发展到可以既说文学也说生活世相了。他几乎每晚都来旅馆和我聊天。关中人把聊天叫做谝闲传,把聊一聊说成谝一谝。他这天晚上来,我们又谝上了,还喝着啤酒。我已经意识到他在用语言技巧套引我尚不成熟的小说构思。许是酒力促使,许是对这个年轻朋友的信赖,我说到一些想法,却难深入。许多话因年深事远而模糊,唯有一句话后来留给我们两人。

啤酒喝到令人有点张扬时,他似有不解地问,而且鼻梁上皱着结儿颇为认真,话的大意是,按说你在农村生活工作二十多年,生活积累该是雄厚的了,写个什么样的长篇都用不完。只有他反问的话我至今记着原话:"你用得着到长安滩时间下功夫查资料？你到底想弄啥(干什么)？"我在他有点咄咄逼人的问询里也没有回避,便坦诚相告:"我想给我死的时候有一本垫棺作枕的书。"他大概有点意外,随之无言。我也不再啰嗦。两人相对一阵沉寂。

这是我当时最真实的心态。这心态发生在基本确定要写这部长篇并着手做准备事项的时候。这部尚未成形的小说,让我开始感觉到不同于已往的中篇小说的意义,是已经意识到的历史内涵和现实内涵,尽管还在深化着这种意识和体验。另外便是我几乎同时就划算着的粗略的写作计划,写成正式稿时可能就接近或超过五十岁了,记不清那一天算计到这个令人顿生畏惧的生命数字时,我平生第一次意识到生命短促的心理危机,几乎一生缠绕于心的文学写作,还没写出真正让自己满意的作品,眼看着就要进入乡村习惯上的老汉的标志性年龄了。由此而引发出我对以前创作的自我反省,不是因为社会等外部世界的刺激而迫使发生的,更非文学界评价高了低了诱导发生的,纯粹是由生命年轮即将碾过五十大关时几近悲壮的轮声催发出来的。我把自己关在小屋子里,抽烟喝茶,回顾了自初中二年级在作文本上写下第一篇小说以来的人生历程和写作经历。我发觉,我第一次摆脱掉或近或远的文坛,而使自己面对文学;第一次发生了不再关注我的那部(篇)小说评价高了或低了,包括曾经获得各种奖项也得意过好一阵子的小说;我处的文坛上的冷暖亲疏

寻找属于自己的句子

>>> 陈忠实坦然相告:"我想给我死的时候有一本垫棺作枕的书。"

以及不可或缺的是是非非,也在那个反省过程中散淡了,于我没有切实的价值和意思了;我的刚刚形成的致命的一个心结,竟然是如果突然身体发生绝望性异变,单凭已出版的那几本中、短篇小说集用做垫棺的枕头,我会留下巨大的遗憾和愧疚;我现在的心结聚集到一点,凝重却也单纯,就是为自己造一本死时可以垫棺作枕的书,才可能让这双从十四五岁就凝眸着文学的眼睛闭得踏实。

这完全是指向自己的一次反省,使我对创作这种劳动有了更进一步的理解,它只能倚重作家自己,对社会历史和现实理解的深刻程度,生活体验到生命的独自发现的独特性和普遍性,自然还有艺术体验包括语言叙述的选择。这些决定作品成色也决定作品成败的因素,除了自己之外,谁能充当拯救者的角色?只要稍微留意一下那些名著巨作的作家的写作历程,就会把那些与创作没有关系的非文学因素看轻了淡远了,只指向自己。这样的反省,既完成了对文学创作的新的层面的理解,也完成了一次心理奠基,进入一种前所未有的沉静状态的心境。

一年后,下叔为《陕西日报》写的一篇千字文的人物通讯里,提到我和他在长安旅馆夜谈时说的"枕头"的话,没有多少反应。时过五年之后,《白鹿原》发表于《当代》,接着由人民文学出版社出版发行之后,青年作家雷电对我做了一次采访,写了一篇六七千字的文章,其中说到"枕头"之作,这句话才传播开来。我至今倒颇为安慰,这个垫棺的枕头的创作心理,不是狂妄的高端指向,而是为着自少年时代就迷恋着的文学的本心的。

我和下叔每有机缘相聚时,偶尔还会提到长安旅馆那一夜的闲谝,竟有恍如隔世之感,连自己都捋不清记忆了。

四　沉静与松弛

到 1988 年的清明节前后,我开笔写《白鹿原》的草稿。

从 1985 年秋天因中篇小说《蓝袍先生》的写作所诱发的长篇创作的欲望,经过大约两年半的准备、酝酿和构思,终于形成了,依着以往中篇短篇写作的某种感觉和把握,可以操笔动手进行文字叙述了。二十多年过去了,我已无法回忆是怎样完成这部小说的构思和结构的。有一点可以确信,即使在二十年前开笔写第一行字的时候,即刚刚确立这部小说构思的时候,也很难说清那些情节那些场景是在什么时间构思出来的。我曾经要给几个主要人物列一个提纲,结果是只给白嘉轩写了一页半的文字就感到属于多此一举,就没有耐心再写下去,甚至担心因为提纲的写作而冲淡减弱了正式写稿时的新鲜性兴致,便决然停下不做了。我随之只列了一个人物名单、人物的谱系、人物的社会

寻找属于自己的句子

>>> 1988年的清明节前后,陈忠实开始写《白鹿原》的草稿。从1985年秋天由中篇小说《长袍先生》诱发创作长篇的欲望,经过大约两年半的准备、酝酿和构思,终于形成了,依靠以前的创作感觉,可以操笔动手开始文字叙述了。图为创作《白鹿原》时的陈忠实。

关系和族亲关系。尔后来实际写作的过程,一次也没有翻阅过,证明也纯属多此一举,人物的这些关系网络和他们之间的恩怨纠葛,乃至生死遭际,早在两年半的反反复复酝酿和判断的过程中就烂熟于心了。

我确定先写草稿。这也是经过几次反复斟酌之后确定的。我在 20 世纪 80 年代写作第一部中篇小说时写过草稿,因为是第一次,又是我写过的中篇里篇幅最长的一部,主要是出于结构上的合理性把握,先以草稿试笔。之后,我的几部或长或短的中篇小说都是一次成稿,渐成一种写作习惯,不再有写草稿的耐心。我不习惯在稿纸上做量稍微大一些的修改,在于见不得涂抹添加成乱七八糟的稿样儿,宁可把不大满意的章节撕毁重写。在动手写《白鹿原》之前,约略估计到需得四十多万字,如若写草、正两稿,单是书写量就很可观,且不说写作中间肯定会发生的不顺或磕绊。然而,几乎没有任何犹豫,就决定先写草稿,再写正式稿,花多长时间费多大工夫似乎已不是问题。这是第一次长篇小说的写作,强烈的创作欲望、表述欲望和初试的畏怯并存,作为试笔的草稿就成为解决畏怯的最好途径。再,我自己最清楚这部小说的构思,时间跨度较长,人物比较多,人物与人物之间的关系和纠葛比较密集也比较复杂,结构就成为突出的问题。当《白鹿原》中那些人物在两年多的孕育过程中已经成形,已经丰满,已经呼之欲出,已经按捺不住要从脑底蹦跶到稿纸上的时候,人物间横向和纵向以及斜插歪穿的关系,如何清晰而又合理地展示出来,不仅让未来的读者阅读畅达,更重要的是影响和致命着每一个人物的展现,把我业已意识到的他(她)们心灵世界最隐蔽的角落里的东西也能得以显示出来,又不想在情节发展和人物随着裂变的过程中留下人为的别扭的败笔,关键就在于一个合理的结构框架了。我也清醒地意识到,这个结构不是我有意安排给人物的,而是人物的生命轨迹决定着这个结构的框架,我的着力着重点,在于找到他或她以及他们互相影响互相制约互相牵扯的关系,在亦步亦趋过程中的一个合理的轨迹。这个结构形式,在动笔之前就成为第一突显的大事,我在基本确定之后,不无担心,能否如预想的思路和架构得以实现呢?更深一层的担心,预想的思路和架构能否达到让那些人物充分展示出来?我想先做一次试笔,打草稿。

  我甚至做了退一步的考虑,不致使自己在开笔时有畏怯的压力,便把草稿的定义再下降一档,叫做"草拟",以便为自己松绑,让思维和想象自由起来。这个草拟稿的用意,就是把各个人物的生命际遇能摆列出来,把那些已经构思的自以为得意的情节和细节展示出来,那个结构的框架基本合理就行了,到写正式稿时再进一步推敲判断,作出更自然顺情的调整。这样,我就在很松弛也很兴奋的情绪里,打开一个大十六开的硬皮笔记本,写下开篇第一句话:"锅锅儿嘉轩后来引以为豪壮的是一生里娶过七房女人。"这是一个全知的叙述视角,人物的人生之谜一开始就撒给读者了。锅锅儿是白嘉轩的绰号,是他被已沦为土匪的

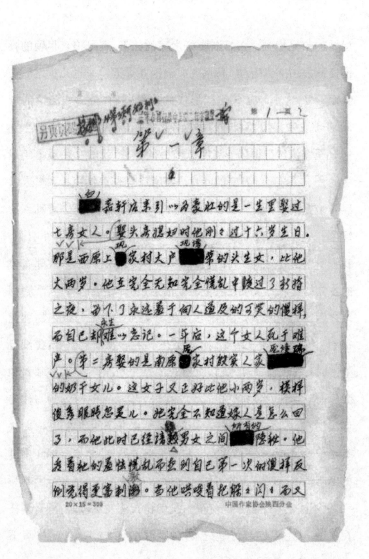

>>> 《白鹿原》手稿。

黑娃的弟兄拦腰一击打断腰杆之后的体形,挺得很直很硬的腰伛偻下去,俗称罗锅儿、背锅儿或锅锅儿。大约写过几章之后又觉得不妥,这个绰号未交代形成的特殊因由,会造成阅读的烦恼,于是便决定以白嘉轩的本色姓名亮相,把这个绰号涂掉了。

至今依然记得那个清明节前后的早晨,我的小院里去年栽活的月季花已经绽开新的叶片。冬天已经彻底结束。乡村人已经开始更换上春天的衣服。麦苗在我眼前的河川蓬勃着动人的绿色。从村巷传来的狗在这个春天的叫声,似乎都格外响亮。我依旧习惯着当地乡村的生活秩序,早晨起来洗把脸、左邻右舍的乡党扛着农具上坡或者下滩干活了,我则比他们奢侈,洗脸刷牙之后要先喝两三杯清茶,然后摊开稿纸。今天与以往的感觉很不一样,没有摊开稿纸,而是揭开了一个大号笔记本;我没有上平时写作的桌子和木椅,而是坐在沙发上,把笔记本在膝盖和大腿面上揭开。我自己也不大弄得清为什么要选择这种写作姿势,过去总是在听领导报告只有坐凳没有桌子的环境,才依助膝头做记录,凡写稿子总是要依托一张桌子的,即使如早年间用过的用麻绳捆着四条腿的祖传的方桌,毕竟也是桌子,并不影响写字,更不决定写下的字的分量。我坐在长沙发左首,一只胳膊托在扶手上,左手控制着笔记本,就顺着纸页上印制的暗格写下去,心里竟是前所未有的一种沉静。

我想促成这种写作情绪和心境的一个外在因素,就是我第一次有了自己的写作专用房,颇多感动与感慨。这是1988年春天,是我名正言顺成为陕西作家协会专业作家后的第七个年头,我为自己建起了一座新房,辟出大约十多平方米的一间书房,或者说写作间。1982年以前,我在乡村中小学、乡镇和文化馆工作,都是宿舍兼办公的一间屋子,多是两人合住合办的环境。1982年调陕西作协成为专业作家之后,分给我一套两居室的楼房,我没有人住,而是索性从原供职的灞桥区文化馆搬回老家去住了。在我家的街门外,父亲借厦屋北墙盖了一间又低又窄的简易房,门在原厦屋的北墙上凿开,串联在一起,形成一个套间,这是父亲20世纪70年代最艰难的时月为已经长大成人的妹妹搭的房子。父亲已经谢世,妹妹早几年前也已出嫁,这间简易房就成为归来后的我的写作间。里面摆着一张单人床,一张祖传的方桌占据了几乎一半空间,还有一把椅子和一张同样搞不清在哪位祖宗手里置办的条凳。那张方桌的桌面已变成黑色,似乎不是漆染的颜色,四条桌腿没有一条是稳固的,父亲生前用麻绳把四条腿互相捆着,用两根交叉的木棍把桌腿固定不倒。我把已经松弛的麻绳解下,重新捆扎结实,就在那张方桌上开始写我的短篇和中篇小说。我有捆绑桌子的经验。我从学校回到乡村时,用着一张带抽屉的条桌,也是四条腿松动,我用草绳捆扎过。直到1986年春天我在屋前空院里盖起三间新房,这间简易房被拆掉了。在新房尚未启用的一年多时间里,我在叔父和我兑换的同院西厦屋里摆下吃饭用的小餐桌,坐一只小方凳就可以写作。因为年久失修又兼着空无人住,墙皮大都脱落,弃置不

>>> 一个小餐桌、一只小方凳。当年陈忠实就是在这里写完了《白鹿原》。

用的火炕早已坍塌,地砖下已被老鼠掏空,不小心就会踩到凹坑里,我在这间破烂不堪的厦屋里,眼前展现的是想象世界里各色人物运动着的场景。我后来和一位记者谈到写作环境对作家的影响的话题时,有感于我的亲身经历,不敢一揽旁人,仅我而言,环境和写作条件不是毫无关系毫无影响,但作用力度有限,至关致命的是构思的发生、完成和写作,不大受书房简陋或阔绰的影响。我向来不注重也不讲究(生存环境里的无力无能无法讲究)写作的条件和环境,只要一张可以铺开稿纸的桌子就行了;唯其挑剔到苛刻的一个条件,就是在我进入写作时,我所在的那个空间不能再有一个别人。我以玩笑解释说,在我写作着的屋子里,要是坐着或站着一个熟悉或陌生的人,正在写作的小说里的人物就会吓得逃离而去,不敢走进前来,我的笔头就抡空了。我还以玩笑的方式打过一个比方,如同母鸡下蛋,关键不在鸡窝造得好或造得次,在于鸡肚子里有没有蛋,一只空怀无蛋的母鸡,即使用软绸锦缎铺垫成窝,卧多久也生不出一颗蛋来……

  这不是抬杠。然而,对于一个清静而又较为舒适的写作间,我不仅不拒绝,而且是期待着拥有,前述的那些简陋的写作环境,是无奈条件下的举措罢了,好在我并不抱怨,也未向谁诉苦,倒是为那些偶然看到此景而惊讶的朋友做轻松的解释。现在,我在祖居的宅基上盖起了三间新房,我和夫人和孩子,将永久性告别阴雨天便觉得盆盆罐罐太少(接屋漏雨水)的无所措手足的

寻找属于自己的句子

>>> 陈忠实和母亲一起聊天。

日子了。我那时候是专业作家,兼着作家协会副主席的职务,论行政级别已属副厅级,我把提升到一百五十多元的工资和每一笔稿酬都积攒下来,自然要减掉日常吃穿和三个孩子读书的费用,以及总闹病及至住院治疗的母亲的开销。然而,还是攒下钱来,令人鼓舞,终于把新房建成了。我在任何场合都不说生活的困窘和拮据,大约应该是生性决定的,我在无钱交学费的少年时期休止学业,也不诉苦,而是等待家境缓解再去复读;我在已经是最基层的公社(乡镇)一位副职领导的青年时期,冬天给孩子烘热被褥的制暖器具,是夫人从灞河滩里挑选的一块河石,在灶锅下烧得滚烫,当做暖壶使用,我大加赞赏夫人的创造性思路,却在年终拒绝申请困难补助金。我在进入初中时写过助学金申请书而未获批准,尽管我知道那些获得助学金的同学确凿比我更为困难,理智上能理解,情感上却受到挫伤,直接的感受是丢脸,13岁发生的这次挫伤,不仅致使我后来对一切困难补助申请一概排斥,而且形成不诉不说的习性。到20世纪80年代中期,我住在乡村祖居的院子里,周围都是聚居一村许多代的乡邻,我在他们眼里,不仅不是一个穷作家,而是颇多不可理喻的"特权阶层"的人,拿着公家的工资还不上班,写文章还能挣钱,几乎是不可思议的好事美差。我在这种环境里的最直接的参照,就是那些挑着蔬菜和土产水果到城市边沿出售的农民,还有时时议论着市场上猪肉鸡蛋价格涨了跌了的声音。我已经切实感觉到拿着工资又得了稿费的优越。我的新建的房子,亦属村子里较早出现的纯粹用砖头构建的新房中的一座,尽管有省吃俭用的积攒过程。

我现在有了一间正经的写作专用房。这个房子是我亲自建造的。我请乡村木匠割制了一张带抽屉和柜子的桌子,一把有靠背的椅子,把祖传的方桌和条凳废置不用了,还做了两个书架,把我一直堆积着的有用的书摆列上架了,这屋子顿然就生出文人的气氛了。到要动手起草这部长篇小说的时候,村子里一位刚学会制作沙发的农村青年找上门来,要为我做一套沙发。几经合计,我和夫人决定破费定做,一长两单的沙发也摆置起来了,我选择了绿色的罩布,这书房就显出某些豪华的气象来。我坐在新沙发上,把硬皮笔记本在腿面上打开的时候,是一种前所未有的似乎是矛盾的激情里的沉静。我的笔尖一触及白嘉轩的四合院,置身的这个颇为得意的书房已不存在,眼前呈现着近百年前的原上白鹿村一位族长的深宅大院。与其说是我必须以沉静的心态去探究白嘉轩们屋院和祠堂里的气脉,不如说是那些气脉迫使我的心境必须沉静下来。

这是连我自己几乎都不敢相信的一次顺畅的写作。从1988年清明前后动手,到次年的元月就完成了草拟稿,两个厚厚的大十六开的笔记本写满一本和半本,大约四十多万字,这是我写作量最大的一年。记得这一年的七、八两月,是关中地区素有的酷暑褥热的时月,又添了孩子考试选择学校的周折,我索性停止下来,到9月立秋早晚有了凉意,孩子也各得其所上学念书了,我

陈忠实

>>> 陈忠实仍然坐在已习惯的绿布沙发的左首,追逐着已经烂熟的一个个男人女人的脚步。

又开始"上原"的行程了,重新进入已经骚动也骚乱了《乡约》族规的白鹿村。我仍然坐在业已习惯的绿布沙发的左首,把硬皮笔记本摊在膝盖和大腿面上,追逐着已经烂熟的一个个男人女人的脚步。我对首次采用的这个写作姿势,最直接的体验是放松,坐在沙发上又是在笔记本上写字,有一种写日记和早年间作为练笔写生活记事的感觉,这就是纯粹写给自己看的或用的,不是给编辑给评论家给读者看的,心理上是松弛的自如的,没有了在稿纸上写作时的紧促和拘谨。这样,动手前业已构思的人物形象和各自的命运遭际,各自的大的情节和颇为得意的细节,大多都已通过文字固定到硬皮本上,更令人兴奋不已的是,一个个首先令自己兴奋莫名的细节,是在草拟过程中源源不断地纷至沓来,让我常常处于忘我的兴奋之中,又不禁对自我发生惊讶的反问,这些近百年前人们的生活方式、交往方式和语言方式,是什么时候存储到我的记忆深处而又毫不察觉,现在却一桩桩一件件被激活了。我的感觉是如同一个连自己都遗忘了的仓库,突然被打开被照亮,才惊讶地发现自己竟有如此丰厚的库存。

随意举一个例子,田小娥被鹿三从背后捅进削标利刃的情节,是动笔起草之前就构思成形的一个重要细节,写来很顺且不论;而鹿三之死在起初尚无具体的细节,直到写到这里时才骤然开朗,几乎是一个事先无从料及的死亡方式;更有发现鹿三死后白嘉轩随口而出一句慨叹,"白鹿原上最好的一个长工去世了"!这话似乎不是出于我心我口,分明是我看见听见白嘉轩仰天慨叹

陈忠实

>>> 鹿三死时,白嘉轩随口而出:"白鹿原上最好的一个长工去世了!"
图为白鹿原。

时发出的声音,我迅即记到我的硬皮本上。那一刻,我的新置的书房已不是书房,而是鹿三的马厩牛槽和他僵死的土炕……

原先计划用一年时间完成草稿,而实际的写作时间只有八个月。原先最担心吃紧的是结构,实际写作过程却是始料不及的顺畅。我没有欢呼,甚至连任何欢呼的意向和小小的举动都没有,仅仅只是长长地舒了一口气,一个最大的担心解除了,算是踏实了,曾经也有生活素材是否够用的担心也已解除了。春节已经临近,我合上第二个只用了半本的笔记本,开始和村子里的农民搭帮结伴去逛集镇,备办过年的年货,猪肉和蔬菜,鞭炮和雷子炮,写对联的红纸……我已从原上虚拟的白鹿村回到原下河川里我的蒋村。除了我的妻子,我再没有告诉谁草拟完成的事。这是一个轻松欢畅的春节。我帮夫人洗肉淘菜。我和孩子守在案边,等待不及抓到新年蒸熟的第一锅大肉葱花包子。我和孩子一起在新修的门楼两边贴上对联。对联由我拟成并用毛笔写了,隐约有白鹿的意蕴,却没有具体的写作方面的指向,只有我心里清楚其韵味。天上的星星尚未完全隐去,1989年的春节的第一缕晨光还未撒出,我的孩子却先我醒来,催我和他一同去放炮。

从我家院里响到门外的鞭炮声,融进村庄的此起彼伏的爆竹的声浪里,我在那一刻才感到了释怀的陶醉。

五　难忘1985,打开自己

1985年,在我以写作为兴趣以文学为神圣的生命历程中,是一个难以忘记的标志性年份。

我的写作的重要转折,自然也是我人生的重要转折,在我今天回望的感受里,是在这年发生的。

这年的11月,我写成了八万字的中篇小说《蓝袍先生》。这部中篇小说与此前的中、短篇小说的区别,我一直紧紧盯着乡村现实生活变化的眼睛转移到1949年以前的原上乡村,神经也由紧绷绷的状态松弛下来;由对新的农业政策和乡村体制在农民世界引发的变化,开始转移到人的心理和人的命运的思考,自以为是一次思想的突破和创作的进步。还有一点始料不及的事,由《蓝袍先生》的写作勾引出长篇小说《白鹿原》的创作欲望。

这年的最后一个月的最后十天,我随中国作家代表团出访泰国。这是我第一次走出国门,为此置备了一套质地不错的西装。当我第一次穿上西装打上领带站在穿衣镜前自我端详也自我欣赏的时候,我的脑海里浮出蓝袍先生来。这是我在一月前刚刚写成的中篇小说《蓝袍先生》里的主要人物,其中有一个我自己很欣赏的细节,他穿了许多年的蓝色长袍,从新中国成立前的教书先生一直穿到走进人民共和国的一所新式教师进修学校,在同学的讥笑声中脱下了作为封建残余标志的"蓝袍",换上了象征着获得精神解放的"列宁装"。我脱下穿了几十年的四个兜中山装再换上西装的那一刻,切实意识到我就是刚刚塑造完成的蓝袍先生。我在解析彰显蓝袍先生的精神历程和心路历程的人生轨迹时,也在解析自己;我以蓝袍先生为参照,透视自己的精神禁锢和心灵感受的盲点和误区,目的很单纯也很专注:打开自己。

  人生的每一个年轮都会发生大大小小许多事,过去了也就过去了,无论好事或者挫折的事,对人尔后的经验积累和人生体验,都有益处。而几件难忘的事完全是毫无意识地凑到一起,事后回嚼起来发现如此的奇妙。正当我以一种强烈的自觉意识希求打开自己的时候,中国作家协会通知我随团访问泰国。到泰国首都曼谷机场时已是傍晚,在机场完成礼仪性会见仪式再乘车驶上高速公路,我被河流一样的汽车车灯吓得不知所措。不仅我这个乡下人第一次看到这奇观异景,随团的北京几位作家也连连发出惊叹。还有一个细节至今记忆犹新,参观曼谷一家

陈忠实

>>> 1985年,陈忠实第一次穿上西装自我端详也自我欣赏的时候,又想起蓝袍先生。以他为参照,也在透视自己的心灵是否打开。

超市时,郑万隆让我和他合作做一项社会调查,他数往这边过来的顾客四十人,让我数往那边走去的顾客也数四十人,有男也包括女,看看能有几个人穿着相同式样和颜色的衣服。结果是他没有看到我也没有看到服装完全一样的两个人。这个细节之所以比泰国那些保存完美的古典宫殿还要深刻地保持记忆,在于太赋予一个时代的讽刺性标征了。我的《蓝袍先生》就是在这种处处都可以感受到生活正在发生的激烈而又广泛的深层冲突过程中,引发思考触动灵魂才产生创作欲望的。我那时候把这种过程称做"精神剥离"。

我生活周围的乡村人有一句自我嘲弄的卑称,相对见多识广也富裕文明的城市人,把自己称做"乡棒",由此演绎出许多"乡棒"进城的笑话。我在曼谷超市大楼上被五颜六色的各种式样的服装搞得眼花缭乱的那一刻,确凿意识到,不仅我是"乡棒",教我观察服装的北京作家郑万隆也是"乡棒"。面对世界,1985年的中国人大都是"乡棒"。作为作家,我在泰国看到的生活世相,恰好吻合着我当时的心态,这儿的人是以这样的形态生活着,这就足以让我开了眼界了——打开自己。

我更迫切也更注重从思想上打开自己,当然还有思路和眼界。这肯定与我业已发生的新的创作内容有关系,即在此前两三个月产生的长篇小说的内容。1986年的清明过后,我去蓝田县查阅县志和党史文史资料,开始把眼光关注于我脚下这块土地的昨天。我同时也开始读一些非文学书籍,这种阅读持续了两年,直到我开笔起草《白鹿原》初稿,才暂且告一段落。我印象深的有两本书,一本是号称"日本通"的一个美国人赖肖尔写的《日本人》的书,让我颇为惊悚。我曾在十四年前与评论家李星的对话中较为充分地阐述了惊悚引发的思考,不再重述,倒是这种惊悚之后关于历史和现实的态度,进入一种较为理性的沉静,对于我所正在面对的白鹿原百年变迁的生活史料的理解,大有益处,甚至可以说至关重要。我在惊悚之后进入这样一种状态:"所有发生过的重大事件都是这个民族不可逃避的必须要经历的一个历史过程,所以我便从以往的那种为着某个灾难而惋惜的心境或企图不再发生的侥幸心理中跳了出来。"这部书让我了解了"明治维新"前后的日本,正好作为我理解中国近代史一个绝好的参照;意料不及的意外收获,让我看取历史理解生活的姿态进入理性境界。另一部书名为《兴起与衰落》。这是青年评论家李国平推荐给我读的,他大约风闻我在查阅西安周围几个县历史资料的举动,让我读一读他已读过且以为很有见解很有深度的这本书。这是研究以古长安为中心的关中历史的书,尽管历史教科书向每一个读过中学的人普及了长安曾经的几度辉煌,然而作者对这块土地上的兴盛和衰落的透彻理论,也给我认识近代关中的演变注入了活力和心理上的自信。同样在与李星的对话里也谈到这一点:"当我第一次系统审视近一个世纪以来这块土地上发生的一系列重大事件时,又促进了起初的那种思索进一步深化而且渐入理性境界……所有悲剧的发生都不是偶

>>> 1986年清明节后,陈忠实开始关注这片大地的昨天。他与乡亲们交谈。

陈志实

然的,都是这个民族从衰败走向复兴复壮过程中的必然。这是一个生活演变的过程,也是历史演进的过程。"这是我那时候的真实感受,是给我以可靠感觉的阅读文本,帮我打开了禁封的自己。

我集中阅读了一批文学书籍,主要是长篇小说,意图也很明确,需要更进一步在艺术上打开自己。实际上我的艺术视野在新时期以来是不断扩展的,每一本有独到性的小说乃至某一个优秀的短篇小说,都在起着打开艺术眼界的效果。我向来是以阅读实现创作的试验和突破的。印象最深的是作为新时期文艺复兴的标志性的1978年的夏天,我确信文学创作可以当做一项事业来干的时代到来的时候,要求从行政部门调到西安郊区文化馆。这年秋天,我在文化馆一间废弃的房子里支了一张床,把墙上用粗笔写的"打倒""砸烂"之类的黑墨字用报纸糊起来,把吊在空中的顶棚重新搭好,就开始坐下读书。1978年冬天还找不见新翻译的小说,我在文化馆图书馆把所有的契诃夫和莫泊桑的短篇小说搜出来,坐在那间只有一张旧桌子一把旧椅子和一张床的房子里阅读。这大约是我一生读书经历中心境最好的一次。最重要的一点,我在此时确定下来一个尚不敢张扬的人生志愿,要当一个作家。我在"文革"前一年刚刚发表散文处女作,到"文革"进行的时候,仅仅发表过六七篇散文,还有一些诗歌、快板。那时候能在报刊上发表作品的业余作者远远比不得现在这样多,尽管我自己很受鼓舞,却也能掂出自己那些小散文的份量,确凿还不敢确信自己能成为一个作家。作家柳青和王汶石就在离我不远的西安,是我顶礼膜拜的人,他们才是作家,等不得我有创作的新发展,也等不得我有当作家的雄心壮志产生,"文革"把我最切实也最平庸的能发点文章就不错的好梦也打碎了。到"文革"后几年,被赶出作家协会院子的作家和编辑得到指令,从陕南陕北关中几处劳动改造的乡村回到西安,组建陕西省文艺创作研究室(不许复旧"作协"名称),创办一本文学杂志《陕西文艺》(不许复旧《延河》)。老作家惊魂未定,大多数没有动手写作,用心偏重于培养"工农兵"业余作者。我从1973年到1976年中国发生第二次"解放"的四年里,写了四篇小说,还有一些散文。第一个短篇小说处女作被改编为电影,后来留下笑柄。这几篇小说都演绎阶级斗争,却也有较为浓厚生动的乡村生活气氛,当时颇得好评。尽管如此,我也没有做过当作家的梦,依旧认真地在当时的西安郊区一个公社里"学大寨"。我把这几年的写作自嘲为"过瘾",大约只有我深知自己的这种写作感受。我真喜欢写作,如同酒鬼的酒瘾和烟民的烟瘾,我一年写一个短篇外加几篇生活速写或散文,就是要过一过文字表述的"瘾"。最大的安慰就是在杂志和报纸发表出来的时候,我看着被铅印的自己的名字,有某种自我欣赏的愉悦。那时候取消了稿酬,没有一分钱的实际利益,写作又是最冒风险的事,一句话写不好就会有"帽子"扣过来,就形成只想"过瘾"不做作家梦的清醒而又矛盾的状态。

>>> 柳青、王汶石是陈忠实崇拜的作家。陈忠实与王汶石在窑洞前。

现在想当作家了，我当时能想到的切实举措就是读书。我那时想从短篇起步，就读契诃夫和莫泊桑。我一边关注着新的文学观点，重心却在这两位大家的作品的阅读感受，是驱逐排解以往接受的极"左"到可笑的非文学因素的最有效的办法。我在契诃夫与莫泊桑之间又选定莫泊桑，把他小说集里我最喜欢的十数篇作为精读的范本。房子里生着火炉，我熬着最廉价的砖茶，从秋天读到冬天直读到春节，整个沉浸在阅读的愉悦之中，没有物质要求，也不看左凉右热的脸，是一种最好的读书心境。到1979年的春节过后，我在依然凛冽的寒风里敏感到春的骚动，开始涌动起写作的欲望。这一年，我写了近十篇小说，《信任》获得全国短篇小说奖。此前一年冬天围着火炉的阅读，不仅从极"左"的文艺禁锢下得到拯救和重生，而且开始形成自己，也成为我创作道路上的一次深刻的记忆。现在看，当是第一次打开自己。

我在七八年后又发生了这种迫切的阅读欲望。我在《白鹿原》创作苗头发生以后，突然意识到以往阅读长篇小说太粗心了，竟然没有留心解读它们的结构。《白》的主要人物重大情节和一些自以为得意的重要细节基本确定以后，如何把已经意识到的内容充分合理地表述出来，结构就成为横在眼前的首要难题。我尊敬的西北大学教授蒙万夫老师，得知我想写长篇小说之后，十分关切，不止一次郑重告诫我，长篇小说是一个结构艺术。其实在我不单是一个结构问题，我既想见识各种长篇小说

寻找属于自己的句子

>>> 陈忠实精读了契诃夫的十几篇小说。图为契诃夫。

的结构方式,也想看看各路作家的语言选择,甚至如何开头和结尾才恰到好处。我已十分切近地感到某种畏怯,第一次写长篇,人物和内容那么多,时间跨度又那么长,写砸了就远不是某个中篇或短篇不尽如人意所可类比的。阅读已开阔眼界,同时也在完成心理调整,排除畏怯心理,树起自信来。

我先后选择了十多部长篇作为范本阅读。我记得有《百年孤独》,是郑万隆寄给我的《十月》杂志上刊发的文本,读得我一头雾水,反复琢磨那个结构,仍是理不清头绪,倒是忍不住不断赞叹伟大的马尔克斯,把一个网状的迷幻小说送给读者,让人多费一番脑子。我便告诫自己,我的人物多情节也颇复杂,必须条分缕析,让读者阅读起来不黏不混,清清楚楚。我读了王蒙的《活动变人形》和张炜的《古船》,这是那两年先后出版的两部深得好评的长篇小说。在我的印象里是新时期文艺复兴刚刚开端的长篇小说创作,一出手就把长篇小说创作推到一个标志性的高度。我读这两部长篇小说时,完全不同于读《百年孤独》的感受,不是雾水满头而是清朗爽利。《活动变人形》呈现一种自然随意的叙述方式,结构看上去不做太讲究的痕迹,细看就感到一种大手笔的自由自在的驾驭功夫,把人物的现在时和过去时穿插得如此自然自如。我在《古船》的阅读中却看到完全不同的结构方式,直接感知到一种精心设计的刻意。我又一次加深体验了我说过的话,想了解一个作家的最可靠最直接的途径,就是阅读他的作品。《古船》和《活动变人形》对近代和当代生活的叙述，就显示着张炜和王蒙的不同质地和个性，这且不多论。我在这两部小说阅读中得到的关于结构的启示，不单是一个方式方法问题，而是如何找到合理结构的途径；不是先有结构，或者说不是作家别出心裁弄出一个新颖骇俗的结构来，而是首先要有对人物的深刻体验，寻找到能够充分表述人物独特的生活和生命体验的恰当途径，结构方式就出现了。这里完成了一个关系的调整，以人物和内容创造结构，而不是以先有的结构框定人物和情节。我必须再次审阅我的人物。

这时候刚刚兴起的一种研究创作的理论给我以决定性的影响，就是"人物文化心理结构"学说。人的心理结构主要由接受并信奉不疑且坚持遵行的理念为柱梁，达到一种相对稳定乃至超稳定的平衡状态，决定着一个人的思想质地道德判断和行为选择，这是性格的内核。当他的心理结构受到社会多种事相的冲击，坚守或被颠覆，能否达到新的平衡，人就遭遇深层的痛苦，乃至毁灭。我在接受了这个理论的同时，感到从已往信奉多年的"典型性格"说突破了一层，有一种悟得天机茅塞顿开的窃喜。我自喜欢上文学创作，就知道现实主义的至为神圣的创作目标，是塑造典型性格的人物；我从写第一篇小说就实践着典型性格人物的创作，短篇小说和中篇小说都在做着这种努力；我已经写过几十个短篇小说和七八部中篇小说，却没有一个人物能被读者记住，自然说不上典型了。我曾经想过，中国几部古代经典小说塑造的张飞、诸葛亮、曹操、贾宝玉、王熙凤、林黛玉、孙悟空、猪八戒等典型性格,把中国人的性格类型概括完了,很难再弄出新的典型性格来;我也想到新文学,仅就性格的典型性而言,大约只有阿Q和孔乙己。我自然想到我的这部长篇小说,几十万字写出来,如果给读者不能留下一两个性格鲜明的人物,读者读完便什么都忘了,我写它的必要性还有多大?且不敢妄想"典型性"。我在以偷得天机地接受"人物文化心理结构"说之后,以为获得了塑造《白》的人物的新的途径,重新把正在酝酿着的几个重要人物从文化心理结构上再解析过滤一回,达到一种心理内质的准确把握,尤其是白嘉轩和朱先生,还有孝文和黑娃,他们坚守的生活理念和道德操守,面对社会种种冲击和家庭意料不及的变异,坚守或被颠覆,颠覆后的平衡和平衡后的再颠覆,其中的痛苦和欢乐,就是我要准确把脉的心灵流程的轨迹。我已树立起一个信念,把自以为对这些人物的心灵轨迹心理脉象把准了,才能有恰切恰当的叙述文字,这些人物的内在气质和个性应当是立体的。为了实现从这条途径刻画人物的目的,我给自己规定了一条限制,不写人物的外貌肖像,看看能否达到写活人物的目的。这样,我的思路明晰了,也单纯,就是从人物各个不同的心理结构下笔,《白》书的结构框架也脉络清晰水到渠成了。我在和李星的对话里说过:"最恰当的结构便是能负载全部思考和所有人物的那个形式,需得自己去设计,这便是创造。"

我至今记着1985年的一个细节。这一年的3月,中国作协在河北涿县召开农村题材创作研讨会。我在赴京的火车上和由

>>> 陈忠实重新把主要人物的心理过滤一遍,达到一种准确把握,尤其是白嘉轩和朱先生、孝文、黑娃。他们的种种,就是陈忠实准确把脉的流程轨迹。图为话剧《白鹿原》中濮存昕饰演的白嘉轩、郭达饰演的鹿子霖。

陈志实

北京赴涿县的汽车上,看到河北平原寒凝大地的凋残景象,一望无际的越冬小麦的垄畦里,看不到一缕绿色,贴在冻结的地皮上的麦苗的叶子,一抹被冻死风干的黄色,我顿然意识到不同于我的家乡关中冬天的严酷了。在关中,在我的祖居和现居的白鹿原下的灞河川道,即使数九天里,小麦的叶子只不过稍微变成深灰,却仍然是绿的底色。3月的河川两岸和原坡,已经是一派葱茏返青的麦苗了,柳树已蓬勃着一派嫩绿浅黄的柔和诗意。我第一次领略到河北平原的3月,是这样一番不堪的景致,虽然颇多惊诧,却毫不影响我参加这次会议的兴致。我感到中国作协对以农村题材写作为主的作家的关心,召开这样一个专题研讨会,起码给我提供了一个难得的机会,可以听取那些在农村题材创作上成就卓著的老作家的经验,也可以了解新时期在农村题材创作上出手不凡的年轻作家的创作思路,还有涉及农村题材创作诸多话题的种种见解,我可以开阔眼界扩展思路和视角,对往后的创作肯定只有益处。我只是一个聆听者,一个虔诚的聆听者,这是我启程赴会时就自我确定的姿态和心态。我一次不缺参加分组讨论和大会发言,都是倾心真诚地聆听各路新老作家的见解,即使完全相对相悖的看法,我都认真听取,在我的思想里过滤、判断和选择。我至今留下的印象,这是难得的一次有质量的会议,讨论的话题已不局限在农村题材,很自然地涉及整个文学创作,即20世纪80年代中期文学创作的现状和走向。其中现代派和先锋派的新颖创作理论,有如白鹭掠空,成为会上和会下热议的一个话题。记得是在大会安排的发言中,我听到路遥以沉稳的声调阐述他的现实主义创作主张,结束语是以一个形象比喻表述的:"我不相信全世界都只养澳大利亚羊。"

那个时候刚刚引进来澳大利亚优良羊种,正在中国牧区和广大乡村推广,路遥的家乡陕北地区素来习惯养羊,是陕西推广澳大利亚羊的重点地区。他借此事隐喻开始兴起的现代派和先锋派创作,却没有挑明直说;他只说自己崇尚并实践着的现实主义写作方法,自然归类于陕北农民一贯养育着的山羊了。我坐在听众席上听他说话,沉稳的语调里显示着自信不疑的坚定,甚至可以感到有几分固执。我更钦佩他的勇气,敢于在现代派先锋派的热门话语氛围里亮出自己的旗帜,不信全世界只适宜养一种羊。我对他的发言中的这句比喻记忆不忘,更在于暗合着我的写作实际,我也是现实主义写作方法坚定的遵循者,确信现实主义还有新的发展天地,本地羊也应该获得生存发展的一方草地。然而,就现实主义写作本身,尽管我没有任何改易他投的想法,却已开始对现实主义写作各种途径的试探,这从近两年的中、短篇小说尤其是中篇小说的写作上可以看出变数。1985年早春的"涿县会议"使我更明确了此前尚不完全透彻的试探,我仍然喜欢现实主义创作方法,但现实主义写作方法必须丰富和更新,寻找到包容量更大也更鲜活的现实主义。

我随后便以自觉的意识回看自己的现实主义写作历程。这是在1985年最活跃的文学创作氛围冲击下获得的自觉。我自

>>> 陈忠实曾听到作家路遥以沉稳的语气阐述他的现实主义文学主张:"我不相信全世界都成了澳大利亚羊!"路遥在铜川与煤炭工人交谈。

然会想到柳青和王汶石,他们对渭河平原乡村生活的描写,不仅在创作上,甚至在纯粹欣赏阅读的诗意享受上,许多年来使我陷入沉醉。"文革"中的1974年我到南泥湾"五七"干校锻炼,规定要带《毛泽东选集》,我悄悄私带了一本《创业史》,在窑洞里度过了半年,那是一种纯粹的欣赏性阅读。这两位作家对我整个创作的影响,几乎是潜意识的。我的早期小说,有人说过像柳青的风格,也有人说沾着王汶石的些许韵味。我想这是自然的,也是合理的,当年听到时还颇为欣慰,能让评论家和读者产生这种阅读感觉,起码标志着不低不俗的起步的基点。到了1985年,当我比较自觉地回顾包括检讨以往写作的时候,首先想到必须摆脱柳青和王汶石。我曾在一篇文章里写到过这段经历,概括为一句话说:一个业已长大的孩子,还抓着大人的手走路是不可思议的。还有一句决绝的话:大树底下好乘凉,大树底下不长苗。这是我那段时间反省的结论。在之后酝酿构思《白》书的两年时间里,想要形成独立的自己的欲念已经稳固确立,以自己的理解和体验审视那一段历史。但有一点我还舍弃不了,这就是柳青以"人物角度"去写作人物的方法。

不同的作家有不同的写作人物的方法,有的是全知的叙述或描写,有的则是作家自己的视角和口吻,等等。柳青的"人物角度"写作方法,是作家隐在人物背后,以自己对人物此一境况或彼一境遇下的心理脉象的准确把握,通过人物自己的感知做出自己的反应。我曾经一直实验着这种方法。我在1985年获得并决定接纳"人物文化心理结构"说的跃跃欲试的兴奋情境里,似乎很自然地把柳青的"人物角度"写作方法联想起来。我较长时月里虽然都在使用这种方法,总是苦于把握不准"人物角度",或者留下生硬的痕迹,难得如柳青那样自然熨帖。我这时才意识到,"人物角度"只是现实主义写作的一种方法,这个方法谁都可以用,用得好用得不好,或者说能否显示这种写作方法独具的艺术效力,关键还在作家对自己要写的人物深度理解上,一个本身没有多少思想负载的人物,单凭某种写作方法是无法为其增加分量和深度的。我也就豁然开朗,我可以使用"人物角度"的写作方法,而关于历史和现实生活的理解和体验,只能由自己发生,这是无法借助或教授所能获得。关于20世纪前50年的生活体验、生命体验,自以为是新鲜的独自的;对那些已经酝酿着的人物的"文化心理结构"的把握,顿然确信获得了"人物角度"写法的自由。在后来的写作中,自我感觉果然比较自如,在人物直接出场的行为中,我以"人物角度"描写他们;在人物不直接出场纯由作者叙述的篇章,我也能比较自如地以"人物角度"进行叙述;描写和叙述都从"人物角度"得以实现,我以为真正的要领在对于"人物文化心理"的把握,才获得了描写和叙述的自由。"人物文化心理结构"说,在20世纪80年代中期令人难忘的思想和学术的活跃氛围里,似乎还没有形成轰动效应,大约是学术味太偏浓的缘故,我却有幸领教了也接纳了,而且直接进入创作试验了。我便想到,谁接受什么拒绝什么,也是因谁的具体个案而决定取舍的。我说不清我为什么接纳"人物文化心理结构"说,要说还是一句大实话大白话,觉得它有道理,有道理就可以信赖,就对自己认识世界认识生活以及正在努力着的写作具有启示意义,自然就信服了。而我确切地感知到这是一次重要的非同一般的启示。

我想到阅读《百年孤独》的情景。我是在《十月》上读到这部名著的。这部小说和作家马尔克斯风靡中国,一直持续到今天,新时期以来任何一位获得诺贝尔文学奖的作家和作品,都无法与其相比在中国文坛的影响。我随后看到中国个别照猫画虎式的某些模仿,庆幸我在当初阅读时的感受和判断,尚未发昏到从表面上去模仿,我感受到马尔克斯的《百年孤独》是一部从生活体验进入生命体验之作,这是任谁都无法模仿的,模仿的结果只会是表层的形式的东西,比如人和动物的互变。就我的理解,人变甲虫人变什么东西是拉美民间土壤里诞生的魔幻传说,中国民间似乎倒不常见。马尔克斯对拉美百年命运的生命体验,只有在拉丁美洲的历史和现实中才可能发生并获得,把他的某些体验移到中国无疑是牛头不对马嘴的,也是愚蠢的。我由此受到的启发,是更专注我生活的这块土地,这块比拉美文明史要久远得多的土地的昨天和今天,企望能发生自己独自的生活体验,尚无把握能否进入生命体验的自由境地。在形式上,我也清醒地谢辞了"魔幻",仍然定位自己为不加"魔幻"的现实主义。这道理很简单,我所感知到这块土地的昨天和今天,似乎没有人变

寻找属于自己的句子

>>> 陈忠实想到对马尔克斯《百年孤独》的阅读感受,认为这是一部生命体验之作。图为马尔克斯。

甲虫的传闻却盛传鬼神。我如果再在中国仿制出人变狗或变虾鱼的细节来，即使硬撑着顶住别人的讥讽，独处时也会为这种低能而羞愧的。我确信中国民间的鬼神传闻在本质上不同于魔幻，不单是一句批判意义上的迷信，尽管其发生和传播的一条原因在于科学的缺失，然而仍蕴涵着不尽的文化，也应是中国某些人"文化心理结构"的一根构件，即使是小小的不起眼的一件。我自幼接受的第一件恐惧事象不是狼而是鬼。天黑之后我不敢去茅房，四周似乎都有鬼的影子。即使在我已经做了乡村教师，还是在路过有孤坟的一段村路时由不得起鸡皮疙瘩。我在未识字前的最丰富的生动的想象力，就集中体现在对鬼的千姿百态的描绘上。我对神却是一片迷糊，从来没有想象出一幅神的图像来。在《白》书的构思里，有几处写到闹鬼情节，却不是为了制造神秘魔幻，而是出于人物自身的特殊境遇下的心理异常。鹿三杀死小娥后就发生了行为举止失措的变化，这是仅仅出于鹿三这个人独具的文化心理结构，按他的道德信奉和善恶观，无法容忍小娥的存在；然而出于同样的文化心理结构，杀人毕竟不是拔除一根和庄稼争水肥的野草，在一时义举之后就陷入矛盾和压迫，顺理成章地就演绎出小娥鬼魂附体的鬼事来……我少年和青年时期，不下十回亲自看见乡人用桃条抽打附着鬼魂的人身上的簸箕，连围观的我都一阵阵头皮发紧发凉。有论家说我在《白》书中的这些情节是"魔幻"，我清楚是写实，白鹿原上关于鬼的传说，早在"魔幻"这种现实主义文学传入之前几千年就有了,以写鬼成为经典的蒲松龄,没有人给他"魔幻"的称谓;鲁迅《祝福》里的祥林嫂最后也被鬼缠住了,似乎没有人把它当做"魔幻",更不必列举传统戏剧里不少的鬼事了;我写的几个涉及鬼事的情节,也应不属"魔幻",是中国传统的鬼事而已……

真是难忘的1985年。我在文学艺术的各种流派新潮的涌动里,接纳并试验了我以为可以信赖的学说,打开了自己;我在见识各种新论的时候,吸收了不少自以为有用的东西,丰富了自己;我也在纷繁的见识中进行了选择,开始重新确立自己,争取实现对生活的独自发现和独立表述,即寻找属于自己的句子。

六　朱先生和他的"鏊子说"

朱先生是这部长篇小说构思之初最早产生的一个人物。或者说,《白鹿原》的创作欲念刚刚萌生,第一个浮到我眼前的人物,便是朱先生。原因很简单也很自然,这是这部长篇小说比较多的男女人物中,唯一一个有比较完整的生活原型(即生活模特)的人物。

朱先生的生活原型姓牛,名兆濂,是科举制度废除前的清朝最末一茬中举的举人。我在尚未上学识字以前就听到这个人的诸多传闻。传闻里的牛先生是人更是神,他的真实名字民间知之甚少,牛才子的称谓遍及乡间。我父亲是牛才子的崇拜者。新中国成立前后我刚刚能够解知人事的年龄,每年秋收时会收获很多包谷棒子,堆在大房的明间里,高过人头的一大堆,晚上点着昏昏暗暗的煤油灯,一家人围着包谷堆子剥包谷穗子上的黄皮,干不了多大一会儿我就打盹了。

寻找属于自己的句子

>>> 朱先生是《白鹿原》构思时最早产生的一个人物,他的原型是清末举人牛兆濂。传闻里的他是神一般的人,传遍关中乡间。

父亲便讲《三侠五义》,讲《薛仁贵征东》,讲包文正刀铡陈世美,似乎都止不住我的瞌睡。父亲又讲牛才子的神话,说他站在院子里观测满天星斗,便能断定明年种何种作物,就会获得丰收;一个丢了牛的乡民求到他的门下,牛才子掐指一算,便指出牛走失后的方位,循此途径果然找到了牛。如此等等。我听得津津有味兴趣徒涨,忍不住连连发问。父亲也回答不了,只说牛才子眼力通天。这个带着神秘色彩的牛才子,从童年起便成为我一个永久性的生活记忆。

我后来上了学,从小学念到高中毕业,接受的是新中国教育体制规定的内容,其中包括常识性的辩证唯物主义哲学,也包括无神论。从我粗浅的理论认识到心理感受的真实性上说,在高中时期就接受并信服了这些哲学观点,不仅不信神不信鬼,连掐八字算卦也觉得是毛鬼神的无聊瞎说了。这样,对于被父亲神话了的牛才子的那些传闻里的神秘色彩,很自然地就淡释了。我相信牛才子是一个学问家,因为文举人不是轻而易举可以获得的。在我的简单推理中,一个学问太高太深的牛才子,他的言论和行为,他对社会事象的看法和对日常俗事的判断,在文盲占百分之九十以上的乡村人群的眼里,是很难被理解的。理解不了便生出神秘感,以至演变到神话,这里有一个心理崇拜为基础。我在此前几十年里,没有搜集过牛才子的资料,更说不到研究,印象仍然停留在父亲所讲述的那个浅层面上。想来也很正常,到20世纪60年代初,重提"阶级斗争论",一波叠过一波的阶级斗争主导的各种运动,冲击撞荡得城市和乡村已无一寸安生之地的时候,牛才子不仅作为传闻已不合时宜,能不被拽出来再批判已属万幸了。"文革"初起大破"四旧"时,我听到一则传闻,牛才子的墓被掘开,却发现墓道暗室用未经烧制的泥砖箍砌,使贫穷的生产队指望用挖出的墓砖砌井的打算落空。传闻又一次把牛才子神化了,说他死前就料定会被人掘墓,故意不用成砖而用未烧制的砖坯箍了墓室。我听到这个被传得神乎其神的事,信与不信已不在判断要点,倒是觉得颇富讽刺意味,掘墓鞭尸批判"四旧"的行动不仅没有达到批臭的目的,反而给沉寂多年的牛才子又添了一则神话。

　　这是截止到20世纪80年代中期《白》书创作欲念萌发时,有关朱先生的生活原型牛才子的全部资料记忆。当这个人物成为《白》书构思里第一个浮出的形象时,我的畏怯心理同时就发生了,这个牛才子的影响太广泛了,我把他写得让人感到不像或歪曲怎么办?没有生活原型的人物尽由我去刻画塑造,读者尽可以指点写得好与不好,却不存在像与不像的事,而朱先生所依赖的牛才子的原型,就构成一个像与不像的很具体的压力,乃至威胁。揣着这样的畏怯心理,我走进蓝田县档案馆,怎么也料想不到的意外惊喜发生了,我借到手的《蓝田县志》,是牛才子牛兆濂先生作为总撰编写完成的,是蓝田县在新中国成立前最后一个版本的县志,也是牛兆濂谢世前的最后一部著作,由他挂帅和八个编者共同完成的一部完整的《蓝田县志》。

陈忠实

>>> 对于朱先生,陈忠实感到有些畏怯,写得不到位怎么办?

且不赘述查阅这部县志的诸种收获,只说和牛才子相关的一件事,也是意料不及的重大惊喜。牛总撰编撰家乡《蓝田县志》的总体指导思想,是严格而又严密的史家笔法,一种纯客观的文字叙述,稍一触及便能感觉得到。我发现写到近代蓝田的史实时,尤其作为县志附录的"民国纪事"篇时,对县域境内发生的重大事件,在用客观的史家笔法记述之后,牛总撰加了几则类似于"编者按"的小段文字,表述的是牛总撰自己对这些社会或生活事件的看法。读到牛总撰的这几则"编者按"式的附言,我兴奋得忍不住心颤,一个被神化了的牛才子剥除了神秘的虚幻的光环,一个活生生的可触可感的牛才子站在我的眼前。我可以感知到他眼里的神光,也能感知到他出气吸气的轻重缓急,以及沉静里的巨大愤怒。我感到我已切住了牛才子的脉象。我对以他为生活原型的朱先生写作的畏怯心理,就在这一刻被排除,涨起自信和强烈的欲望来。

我后来还搜集到牛才子一些真实事件,其中对我震撼最大的一件事,是他联合了南方北方几位旧知识分子,在上海一家发行量最大的报纸上发表《抗日宣言》(他称日寇为倭寇),响应者众,可见他的影响绝不局限于关中。他不仅发言立誓抗击倭寇侵略,而且身体力行,要到山西中条山抗战前线去,走到潼关正待过黄河时,被部队派人力劝强拉回来。在民族和国家的危亡时刻,牛才子疾恶如仇的骨气品格,真可谓惊天地泣鬼神。民间传闻里的神秘神话的色彩,已是荡然无存,一个铮铮铁骨的老知识分子，巍然如山地立在我的眼前。我常常于傍晚时分站在家门前的灞河堤岸上，眺望河北边七八华里远的一道黄土高崖，高崖下有一个小小的名曰"新街"的村子，是牛先生的生身和归葬之地。我和他的地理距离不过七八华里，一种天然的亲近把历史时序的距离缩小到几近于无，自然还在于崇敬仰慕基础上的心理贯通。

牛才子是程朱理学关中学派的最后一位传人，对关中学派的继承和发展有重要建树的一位学人。关中学派的创始者张载，有四句宣言式的语录流传至今："为天地立心，为生民立命，为往圣继绝学，为万世开太平。"无论做学问，无论当官从政，这样的抱负和这样的胸襟，至今读来仍令我禁不住心跳血涌。从这四句语录就可以感知关中学派的精髓，也就可以更深刻地理解我的灞河北岸的老乡党牛才子的精神内质了。我也就可以更切近地理解他冒着生命危险劝说企图反扑已经"反正"（辛亥革命）了的西安的清兵总督，也就理解了他以耄耋之躯亲赴抗日前线驱逐倭寇的举动。然而，到20世纪之初及至30年代，辛亥革命和共产党革命兴起的时候，关中学派的某些具体理念的局限难以适应新的社会潮流，在牛才子身上也很难回避。他坐馆的曾经影响甚远的书院很快冷落，弟子走失，红火时曾有韩国留学生。先后有西安和蓝田两家新兴学校聘他为师，他都不能适应而告辞，回到书院编起了县志。我努力理解他在这个急骤的社会革命浪潮里的心态，他的超稳定的心理结构面临种种冲击时的痛苦，等等。

寻找属于自己的句子

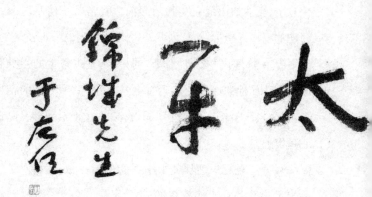

>>> 牛先生是关中学派的最后一位传人。关中学派的创始人张载,有四句宣言式语录流传至今:"为天地立心,为生民立命,为往昔继绝学,为万世开太平。"图为关中籍书法大师于右任的书法。

陈东宝

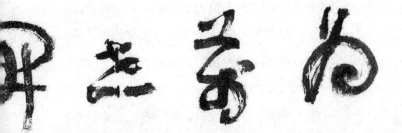

我依牛先生为生活原型,创作了朱先生。朱先生已不再等同于牛先生。道理属于创作常识,前者是生活真人,后者是一个艺术形象;艺术形象从精神心理上已摆脱了生活原型的局限和束缚,给作者以再创造的绝对而海阔的自由空间,把作者的理解和体验浇铸进去,成为我的"这一个"。

对于朱先生这个人物,我的态度是不做任何注释,由读者和评论家去审判。这也不光是我对朱先生这个人物的态度,而是我对《白鹿原》小说里所有人物的态度,事实是,《白》书发表出版15年来,我基本不做作品人物的解释,只在对某一些访谈提问时偶有涉及。令我感佩的是,大量的评论文章对包括朱先生在内的几乎所有人物,都有甚为精到的解析和评说,有些甚至超出了我的期待。自然,也免不了一些令我意料不到的评论视角,包括个别误读,我基本能保持平静的心态,当做一种观点来看取,也有鉴示的意义。我在这里想说一下朱先生的"鏊子说",算是坚守15年不做人物阐释的一次破例。

我在蓝田查阅县志和许多史料时,看到一些老革命回忆当年"农民运动"的文章,大为震惊。渭南地区的华县和华阴县,是陕西农民运动的中心,运动开展的广泛程度和卷入的农户人数,当是北半个中国闹得最红火的地区,与毛泽东在湖南发动的"农民运动"遥相呼应。尚不属于渭南中心地区的蓝田县,绝大部分村子都成立了"农民协会",建立了农民武装,包括地理上的白鹿原地区。我在中学语文课上学习毛泽东《湖南农民运动考察报

陈忠实

>>> 陈忠实的家就在白鹿原的北根下。

告》时，更多地领受毛泽东看取这场运动的独立观点，以及他生动而雄辩的文字，至于那场农民运动本身，已经是遥远的过去，又是发生在遥远的南方。几十年后我突然感到一种切近的冲击，竟然忍不住心跳，就在我的生身之地白鹿原上，曾经发生过如此红火的乡村农民革命运动。

我家住在白鹿原北坡根下，出门便上坡上原，我到原上蓝田辖区的集镇赶过集，到几个大村看过壮观的社火和秦腔戏剧演出，却从来没有听说过六十年前那些大村小寨曾经发生过的轰轰烈烈的"农民运动"。我在手抚那些资料时感慨连连，自言自语着一句调侃的话，渭南地区的农民运动就规模和人数而言，不比湖南差多少，只可惜没有人写出一篇类似毛泽东的"报告"，竟然无声无息被历史淡忘了。这场运动骤起骤灭，国共合作破裂之后，"农民运动"遭到残酷的镇压，习惯上称为"还乡团"。报复性镇压的残酷性是不难想象的。《白》书写了这个过程。朱先生在他的白鹿书院里，也听到杀伐的声音，嗅到了血腥气儿，说了一句话，"白鹿原成了一个鏊子啦"。正是朱先生的这句"鏊子说"，发生了一些误解和误读。恕我不再重复赘述那些误读误解的话。

"鏊子"，是朱先生面对白鹿原上"农民运动"被残酷镇压时的一个比喻。鏊子是北方乡村烙锅盔烙煎饼的铁制炊具。我在写到朱先生面对原上正在发生的"还乡团"的报复事件时，很自然地让他说出这个比喻来；或者说，是我意识里的朱先生自己说出的这个颇为形象的喻体。我在上一章里谈到,我以人物的"文化心理结构"把握我正在写作的各个男女人物,朱先生是我体验较深也自以为把握较准的一个重要角色。以他的文化所架构的心理形态,面对白鹿原上"农民运动"骤起骤灭的现实,说出"鏊子"的比喻,表示着他的看法和判断,这是作者我所严格把握的朱先生这个人物角度所决定着的,更是他独秉的心理结构所主导着的性格化语言表述方式,形象也含蓄。

　　这里有一个常识性的界线,作品人物对某个事件的看法和表态,是这个人物以他的是非标准和价值判断做出的表述,不是作者我的是非标准和意义判断的表述。作为作者的我的写作用心,说明了只有一点,努力把握各个人物不同的文化心理结构形态,才能把握住他们不同的角度,才可能写出真实的性格差异来。这些人物对同一事件大相径庭的判断和看法,只属于他们自己,而不属于作者。读者可以审视、评点作者对各个人物把握得准确与否。只有准确了才能谈到合理,才能谈到真实,也才可能进一步谈到人物的深度和典型性。如果连最基本的准确都做不到,就无合理和真实,更遑论人物的深度和典型了。读者和评论家可以严格挑剔朱先生等人物的刻画过程里的准确性和合理性,包括他的"鏊子说",是否于他是准确的和合理的,而不应该把他的"鏊子说"误认为是作者我的观点。再,朱先生的"鏊子说",错了对了或偏了,更具体点说,是对"农民运动"和"还乡团"报复行为的大是大非的判断是否正确,即使如此,也是属于朱先生的判断,不是作者我的判断。单就"农民运动"这个事件,《白

寻找属于自己的句子

>>> 小说人物的观点并非作者的观点,单就"农民运动"《白鹿原》中不同的人物就有截然不同态度与判断。

陈东宝

鹿原》里不同的人物都有截然不同的态度和判断，革命者鹿兆鹏自不必说，田福贤等从根本上就说成是"共匪"煽动的作乱。如果把朱先生的"鏊子说"可以看成是作者观点的糊涂，同样可以类及田福贤的反动观点给作者，鹿兆鹏的革命观点也应该是作者的。这种常识性的笑话，我在写作过程中是丝毫也不曾预料得到的。

某些不了解创作的人对朱先生的"鏊子说"发生误读以至指责，我都以平静的心态表示理解。我还听到行家指点说作者缺乏智慧，为什么要让朱先生说出"鏊子"这样的比喻来，让朱先生换一种说法不是不惹事吗，等等。我有限的智慧只把握到朱先生的"鏊子说"才合他的文化心理结构形态，只有他才能说出"鏊子"的比喻体。如果会料到惹事的后果，进而让朱先生说出别一种不惹事的话来，那么朱先生的面目就会是另一番景象了。这样一来，作者有限的智慧不仅专注不到人物的准确把握上，反倒耗费到如何逃躲误读的机巧上去了。把智慧耗费到机巧上，且不说合算不合算，恐怕创作都难以继续了，如果还有作家的道德和良知的话。

七　寻找一种叙述

在 1986 年到 1987 年《白》书构思的这两年里,新时期文艺复兴发展到真可谓"百花齐放"的红火时段,欧美以及拉美几乎所有流行过和正在流行的文学流派,都被引进中国文坛来了。无论学得像或不像,似乎没有谁太在意,或者尚来不及细究,全都陶醉在新鲜乃至稀罕的感觉里。我也是陶醉者之一,眼花缭乱应接不暇,尽管未必都能读得懂,未必都能进入欣赏的愉悦,却仍然兴趣十足地阅读,基本的收获是大开眼界甚为鼓舞。即使有人调侃这样的文坛景观说"各领风骚十来天",也遏制不住我想长见识的兴致,依旧兴味十足地阅览文学杂志上新发表的标新立异之作。我当然不可能看到某个新流派就学写某个流派的小说,但我起码想知道世界上和中国有这种和那种文学流派。这如同牛仔裤引进中国,我不想穿它却想欣赏这种服装样式,看到别人穿起来还挺风光。

　　和这种五彩缤纷的文学景观不大匹配，或者说不大协调的事，已经悄然出现，就是出书有点难了。作家们正忙着追求新的文学流派和别致的写作方式，不太留意出版业已经完成了一次体制改革，由政府支配的计划经济性质，改为纯商品运作的市场经济体制了。一本书能否出版，商品利润的判断已成为一条硬杠子，具体到征订数目，如同一道判决书。出版社最基本的一条原则是要出能赚钱的书，赔本的买卖再不做了。道理很简单也很冷酷，政府不再给出版社拨款，过渡性的补贴也取消了，编辑的工资得靠编书出书赢得利润赚到钱才能获得，想靠人情和长官意志出书，在这个冷冰冰的硬杠子面前都开不了口了。一些意料不及的现象随即出现了，按习惯性思维和习惯性心理一时很难适应，纯粹的雅文学遭到市场的冷脸，出书难了；一些在文坛上颇得风光的作品，在非文学读者的更广大的读者群里不买账，出书也难了。在作家和出版社编辑之间传递着令人丧气心凉的逸闻，某名牌大家的集子的征订数居然不到一千册，令约稿的编辑骑虎难下。我自己出书的经历才是最可靠的体验，一本颇得好评的中篇小说集征订不足三千册，迟迟不得开印，据说此订数在不赔也不赚的及格线上，后来还是侥幸面世了。另一部中篇小说集收入的作品，被转载或得过发表刊物优秀作品奖，征订数仍然不景气。至于短篇小说，全部堆在书柜里，没有哪家出版社问津，据说短篇小说和散文随笔最难赢得市场效益了。

陈忠实

>> > 一些始料不及的现象也出现了,纯粹的雅文学也遇到了市场的冷脸,出书难了。《白鹿原》却空前地受欢迎。陈忠实为读者签名。

自以为还算是中国实施改革的拥护者,不料市场经济的观念和意识,竟是以这种切身压迫的方式让我领受的,而且别无选择,而且正值这头一回试笔的长篇小说快要定型的时候。

你写的小说得有人读,你出的书得有人买。出版社刚刚实行的市场经济理论和运作方式,无论多么深奥多么陌生多么冷硬,具体化对象化到我头上的时候,就变得如此简单。唯一的出路,必须赢得文学圈子以外广阔无计的读者的阅读兴趣,是这个庞大的读者群决定着一本书的印数和发行量。此前也不是没有想到这个层面的读者群体,却确凿没有形成至关致命的心理压迫和负担。

这种心理压迫的直接效应,使我很快确定这部小说的规模。构思的近两年的时间里,就其规模而言,虽然尚未完全确定,却一直偏重于写成上下两部。我是就已经酝酿着的较多的人物和他们较为复杂的人生故事,需得上下两部才能完成,每部大约三十万至四十万字。唯一犹豫未决的因素,是我的阅读习惯不喜欢多部规模的小说,这是长期形成的不大说得清道理的阅读习性,包括某些声誉颇高的翻译小说。我既然有这样的阅读习性,自然也不想弄出上下部或多部这样规模的小说,却想到这部小说的内容和人物,一部很难装得下。当市场经济运作的无情而冷硬的杠子横到眼前的时候,我很快就做出决断,只写一部,不超过四十多万字。之所以能发生这种断然逆转,主要是对这本书未来市场的考虑,如果有幸顺利出版,读者买一本比买两本会省一半钞票,销量当会好些。

我便重新审视一个个业已酝酿着的人物,重新审视每个重要人物的每一个重大情节和细节,合理性和必要性为审视的尺码,舍弃某些可以舍弃的情节和细节。即使如此,我仍然觉得四十多万的字数很难装得下已经难以再做舍弃的内容。这样,我便把自己逼到语言方式这条途径上来。采用叙述语言,也几乎就在此时做出决断。在我的语言感受和意识里,仅就篇幅而言,叙述语言比之描写语言,是可以成倍节省字数和篇幅的。同样出于以往写作的语言感觉,叙述语言较之白描语言,难度也要大很多,尤其是一部几十万字的长篇小说,要做到通体不松懈更不露馅儿的形象化叙述,就我已不算少的文字实践的感受和理解,完全能估计到这是非同一般的难事。然而,我已经确定要用叙述语言来表述已经意识和体验到的那一段历史生活内容,或者说必须寻找到和那一段乡村历史生活内容最相称的语言方式,即叙述,而且必须是形象化的叙述。从我的写作实践看,尽管能充分感知这种叙述语言的难度,心头涨起的却是一种寻找新的语言形态的新感觉,甚至贴切地预感到这种叙述语言的成色,将直接影响乃至决定着内容呈现的成色。这次由小说规模引发的语言选择,很快就摆脱了最初为缩短小说篇幅的诱因,导致成对这部小说语言形态的严峻课题。

我很自然地发生对已往写作中语言演变的检索。我是由描写语言开始小说写作的,生动和准确的描写成为那个时期的语言追求，这大约在我热衷短篇小说写作的时段。这个时候对语言似乎没有太明显的刻意，完全凭着对要写人物的某种感觉去写作，是一种含糊盲目的尽兴式写作。我对小说语言的自觉，发生在随后的中篇小说写作的时候，说来不单纯是语言自觉，而是由对小说创作新的理解引发的。我在中篇小说写作开始，意识到以人物结构小说，从此前的故事结构里摆脱出来。我发现一个很简单也很直白的问题，面对不同的写作对象，性格和心理形态差异很大的人物，很难用同一种色调的语言去写他们，包括他们各自不同的生活氛围和社会氛围，必须找到一种适宜表述不同人物的相应的语言形态。尤其是在写乡村知识分子的《蓝袍先生》和乡村农家院里两代人生活的《四妹子》，仅语言而言，差异是很大的。我自己回看这几部中篇小说，每一部都有相应的语言选择，各不相同。那个时候对语言的这种探索，也依赖着我的阅读感受，我发现有的作家的主要作品，基本保持着一种语言结构形态和语言色调，形成一种固定的语言风格，让读者不看署名就能感知到这是谁的文字。另有一类作家的小说作品，语言差异很大，譬如鲁迅，《阿Q正传》和《祝福》的语言形态是太截然了，还有《狂人日记》《药》《在酒楼上》等，可以说无论篇幅大的或小的，每一部和每一篇都呈现着独有的语言形态。从纯粹的写作实践上来理解，我便推想到鲁迅肯定也面临过语言选择的事，用写阿Q的语言无法写祥林嫂，用写祥林嫂的语言也写不成酒楼上的男女。很显然，作家面临不同质地的写作对象选择最

>>> 陈忠实认为,鲁迅的作品,无论篇幅大小,都各有独特的语言风格。

恰当的语言形式,才可能把自己体验到的生活内容,完成一次最充分也最富有个性化的独特表述。我几乎是很自然地倾向于这种语言选择的实践的,中篇小说的写作,还处于自觉和不大自觉的过程。

我这次对语言检索的更侧重的一个课题,就是由描写语言到叙述语言的过渡。对叙述语言的喜爱和倾倒,也是由阅读中充分感受其魅力而发生的。最直观的一点,一句凝练的形象准确的叙述,如果换成白描语言把它展开描写,可能要用五到十倍乃至更多的篇幅才能完成,而其内在的纯粹的文字魅力却不存在了。再一点是叙述语言的内在张力和弹性,又不仅是一个外在的语言形态,而是作家对他的人物的透彻理解和掌握,获得了一种言说和表达的自由,才可能有叙述的准确和形象,才能恣意纵横而不游离各个人物的气脉,也才能使作者的语言智慧得以展示,充分饱满而又不过不及,废话就不可能落到某个人物身上。我对叙述语言的理解,是一个渐次加深的过程,在此之前的一些中篇小说写作中,自觉不自觉地试用过,用一句话说,火候不够也达不到完美。我已深切体会感知到叙述语言的难度,尤其难以掩饰的是,很难用叙述语言从头至尾把一部几万字的小说写下来,总有几处露出描写的馅儿来。这既是一种语言功力的欠缺,也是对作品人物心理演变准确合理把握的不到位,表象的标征却是语言。

为了一种新的语言形态——形象化叙述——的追求,我唯一能想到的办法就是试验。我在长篇《白》书开笔起草之前,写了短篇小说《窝囊》和《辘辘子客》,用意十分明确,就是要试验一种纯粹的叙述,选择这两个题材的人物和故事,自然也是适宜使用叙述的语言的。我确定尽量不写人物之间直接的对话,把人物间必不可少的对话,纳入情节发展过程中的行为叙述;情节和细节自不必说了,把直接的描写调换一个角度,成为以作者为主体的叙述。印象最深的是《辘辘子客》,近万字的一篇小说,通篇都是以形象化的叙述语言完成的,只在结尾处有几句对话。我切实地体验了叙述语言的致命之处,不能留下任何干巴巴的交代性文字的痕迹,每一句都要实现具体生动的形象化,把纯属语言的趣味渗透其中,才能展示叙述语言独有的内在张力,也才可能不断触发读者对文字的敏感性,引发他读下去直至读完的诱惑力。记得《辘辘子客》在《延河》杂志发表不久,我从乡下赶到城里去买粮和煤球,在作协院子里碰到几位同事,都说到这个短篇的语言,对熟悉我以往语言的他们来说,感到新鲜,也感觉到了明显的变化,似乎都以为这种语言形态不错。我大受鼓舞,却不便说出这种变化的深层因由。在《白》书已经草拟过半的1988年夏天,关中的三伏天热到近四十摄氏度,空调还只是传说中的高档器物,屋里屋外都热得汗流不止,再加上孩子高考升学的麻烦事,迫使我的草拟停止下来。偶遇下雨得着短暂的凉爽,我又写了两个短篇小说《害羞》和《两个朋友》,继续着叙述语言的演练。我又为纯粹的叙述里加入人物对话,意在把握对话的必要性,自然是对对话的内容再三斟酌和锤炼,以个性化的有内涵的对话语言,给大段连接大段的叙述里增添一些变化,避免大段叙述语言阅读过程中可能产生的累。因为《白》的人物和主要情节已经基本确定,草拟过半程的感觉挺不错,叙述语言就成为承载和展示作品内容的一个关键。其实,正在草拟着的《白》的语言,也是以叙述的形态展示着,主要把握着作者叙事主体的角度,形成叙述语言的架构和形态,尚不能顾及语言的细部,也顾不及字词的推敲。道理在我很清醒,草拟的主要用意在于把这部跨越半个世纪的小说的框架搭起来,把白鹿原上那些人物命运遭际的粗线条勾勒出来,叙述语言的精确斟酌,那是写正式稿时要做到的事,我计划的草拟时间为一年,正式稿预计两年,多一倍的时间预算,其中一条因素就是花给叙述语言的……我得着机会就想写个短篇,既在增添收入补贴已现窘迫的家庭经济,更在叙述语言文字的练习,意图很实际,到半年后摊开稿纸下笔正式稿时,便能进入完全自如的文字叙述。

草拟稿进行得超出预料的顺畅。到1989年元月,超过四十万字的草拟稿完成了。1988年4月动笔,到次年元月完成,刨除暑期近两个月的停笔,实际写作时间只有八个月,这大约是我自专业创作以来写作量最大的一年,也是日出活量最高的一年。这年过了一个好春节,心头的鼓舞和踏实是前所未有的。春节临近的时候,我已经从《白鹿原》的历史烟云中彻底摆脱出来,和村里的乡党搭帮结伙去赶集,挑选猪肉和蔬菜,进城买面粉、大米、清油和煤球,这些东西都是凭票定点供应给我这个住在乡下

>>> 1988年4月陈忠实着手写《白鹿原》,次年元月完成,中间还停顿了两个月,大概用了八个月时间。

的城市居民的,今年办起这些啰嗦事来的心情都是前所未有的舒悦。动笔草拟之前的种种担心,都在画上最后一个句号时彻底化解了,既比我起初预想的顺利,也比我草拟之前的感觉更好,起草之前的某些思路,竟在写作过程中得到扩展和深化;更有许多自以为得意的细节,竟是在写作过程中不断蹦出来的。我或进城或赶集办年货往来的路上,常常面对白鹿原北坡的沟壑台梁久久注目,这原坡已不是我小时候割草砍柴捉蚂蚱的那个原了。我已经把家乡的这个古原写成小说了,尽管是草拟,依然抑制不住心头的兴奋。

一个无比快乐的新年过完了,待把三个孩子一个一个送进学校,再把家庭这样那样的杂事处理过手,又到清明了。我摊开稿纸,竟是一种前未所有的沉静和舒展,这也是以往写作短篇中篇小说时几乎没有过的一种心境,当是因为草拟稿摊开在桌子左首,白嘉轩们的人生际遇里的大事小事已失去了草拟时的情感冲动,多了重新审视和斟酌的冷静;更深层的原因,我想还是已经草拟出来的那些内容,容不得激情,也更容不得随意,沉静几乎是在摊开稿纸时必然形成的写作心境。当我在稿纸上写下"白嘉轩后来引以为豪壮的是一生里娶过七房女人"的开篇语句时,我的心境更沉静了,一种进入近一个世纪前的原上社会特有的沉静。我开篇叙述的感觉是空前的自在,对于叙述语言的把握也是空前的自信。我后来才意识到,此前用几个短篇小说练习叙述的功夫没有白做,更重要的甚至是决定性的因素,在于对那个历史时段原上人物的理解和体验的程度。

八　复活了的呻唤声

记不准确是在构思基本成形,或是在已经开始动笔草拟《白》稿的某一天深夜,我确凿无疑地听到从上房西屋传出的沉重却也舒缓的呻唤声,且不止一声。这是我的厦屋爷的呻唤声。我不由得战栗。家人早已进入梦乡。我在前院的书房里磨蹭着我的事,也许只是抽烟喝茶,无意中就听到不止一声的沉重却也舒缓的呻唤。上房的东屋和西屋至少有两年不住人了,西屋放着柴火。我透过窗户看了看上房模糊的檐墙和瓦檐,静谧无声。我走出屋子站到院子里,瞅着即使在朦胧的夜幕里也掩饰不住的上房老屋残破颓败的景象,顿然意识到,这沉重却也舒缓的呻唤声,是从我记忆的心底发出的。

我的祖父辈有兄弟三人,属于两股的堂兄弟。我的祖父为一股,单传一个,到我父亲仍是一个单传,我的这个嫡系爷爷在

寻找属于自己的句子

>>> 陈忠实在夜深时无意中听到一声沉重却也舒缓的呻唤。

我出生前已经谢世。另一股的两个爷爷是亲兄弟,老大也去世早,我未见过面未听过声,老二这个爷爷在分家时住着上房和门房之间西边的厦屋,后辈的我们这一茬孙子便叫他厦屋爷了,叫顺了也不觉得拗口。厦屋爷有两个儿子,据说都属于不安分守己种庄稼过日子的人,跟着外边来的一个人走了,先后各回来过一次又走了,此后再无声息踪影。老大也有两个儿子,都是我的叔父,便把小叔父过继给厦屋爷了。小叔父是个孝子,当即把厦屋爷从厦屋搬挪到上房西屋。在我稍有辨识本领的时候,看到的是出出进进于上房西屋的告别了厦屋的厦屋爷了。我爷爷和我父亲都是同辈兄弟中的老大,分家的格局至晚在曾祖父那一代就形成事实,我父亲便继承着上房东屋和中院东边的厦屋。东为上,分家归属长子是族规里天经地义的规矩。上房东屋和西屋之间隔着一间明室,作为共有的通道,东屋和西屋是窗户对着窗户门对着门,中间的距离不过三大步四小步。我家的两间厦屋用土坯隔开,南边做厨房北边养牛做牛圈,一家人住在上房东屋。我沉在心底几十年的厦屋爷的呻唤声,就是从他住着的上房西屋的门窗传进我住的东屋的门窗的。

厦屋爷的呻唤,似乎不能等同于呻吟,更不是打鼾声。我的父亲睡熟时鼾声跌宕起伏,我常常被突然暴出的一声如炸雷般的鼾声惊醒,半天难得重新入睡。恰是在这种夜半惊醒或是被尿憋醒爬下炕在瓦盆里尿尿的时候,往往会听到从对面窗户传来厦屋爷深沉而又舒缓的呻唤声。那种呻唤声一般只有一声,偶尔还有连接着的较短也更轻的一声,好像第一声的余韵或回声。厦屋爷在新中国成立后的第二或是第三年就去世了。我顶大不过十岁。我连他说过的一句话也没有记下,更不要说他曾经有过什么英雄壮举或遭遇过怎样窝囊的事了。他很少搭理我那样年龄的孙子,从来也没有像村子里那些爷爷和孙子的亲昵举动。我也记不得有过什么亲近他的行为。他的面貌早已模糊,唯一的印象是他手里总捏着一根超长的旱烟杆儿,抽烟时需得伸直一只胳膊,才能把燃烧的火纸够到装满烟沫儿的旱烟锅上。我唯一见过的祖父辈里的一个爷爷,就是这样粗浅到有点陌生的印象。大半生跌跌撞撞走过来,仅仅只记得作为厦屋爷象征的那根超长的烟袋杆儿,无论如何也料想不到,在我心底最深的一隅,还储存着厦屋爷呻唤的声音,竟然在这一夜的更深人静的时刻响了起来。

  我从院子回到小书房坐下来,也就准确无误地解开了这个始料不及的现象,这是我业已构思成形即将动笔或刚刚开笔草拟的《白》书里的人物,白嘉轩朱先生鹿三甚至包括鹿子霖这一茬白鹿原上的男人,把我的厦屋爷在夜深时的呻唤声,从我的心底记忆里感应而出了。我坐在沙发上推想,我的厦屋爷的年龄,大约和原上白鹿两家的当事人属于一茬儿。原上原下属于这个年龄茬儿的人,不知有多少万,然而距离我最近——近到夜半可以听见他呻唤的人,却只有厦屋爷一个,我的亲爷和门族里的二爷(厦屋爷的哥哥)都在我出生之前去世了。我用两年时间营造或者说编排的白鹿原上那一茬男人和女人的故事,让白鹿原北坡坡根下的我的厦屋爷留在我心底的呻唤,感应而出了。依我当时有限的关于人的神秘的生理和心理现象来理解,在我尚不解人世人事的幼年时期,厦屋爷夜半的呻唤,是我直接感受直接纳入的白嘉轩鹿三们富于生命质感的声音。

我在小书房里骤然间兴奋起来,甚至有点按捺不住的心颤。我在这一瞬,清晰地感知到我和白嘉轩鹿三鹿子霖们之间一直朦胧着的纱幕扯去了,他们清楚生动如活人一样走动在我的小书房里,脚步声说话声咳嗽声都可闻可辨。这是厦屋爷的呻唤声,扯开了那道朦胧的纱幕,打通了我和白嘉轩那一茬人直接对视的障碍。我的创作一直依赖对生活的直接感受和直接体验,这在此前的中短篇写作中不存在障碍,我的作品几乎都是与生活同步发生发展的。我在《白》书里构思的人物和生活背景,是我的厦屋爷这一茬人的生活历程,离我有些远了。我无法获得直接的感受和体验。无论我做了自以为多么认真和切实的准备工作,却总也不像我写新中国成立后亲历过的时段里的小说那样心地踏实。厦屋爷的呻唤声,让我获得了弥足珍贵的踏实感。在我学习创作的已不算短的历程中,越来越相信创作需要想象,想象力愈丰富作品就出奇制胜,甚至可以说想象力贫乏的作家,是很难实现思想和艺术的突破的,我不仅相信这个理论,也有自己创作实践的切实感知。但在我个人的创作实践里,还有一个不可或缺的东西,就是对生活的直接感受和直接体验。如果既

寻找属于自己的句子

>>> 缺失几十年前白鹿原上下乡村生活氛围的体验,一直是陈忠实难以实现的亏空,他极力追寻在祠堂祭祀先人的情景……图为电影《白鹿原》祭祀的场面。

陳東寶

保持活跃丰富的想象,又对具体一部小说所描写的生活背景和人物生存环境有直接的体验和感受,我就会进入最踏实最自信也最有激情的写作状态。缺失几十年前白鹿原上或原下乡村生活氛围的直接感受和体验,在我构思《白》书的两年里,一直是无法实现填补的一个亏空。愈是接近构思完成即将草拟,这个亏空造成的不踏实乃至不自信的阴影,一直徘徊于心。我曾经努力搜寻儿时的记忆,我曾经跟着父亲,大年初一早晨到敬奉着陈姓族谱的人家(小村子建不起祠堂),由父亲上完点燃的香支,毕恭毕敬地抱拳作揖,再跪拜三磕头;我记得父亲在厦屋北间养的一头黄牛,他每天几次添草拌料还要垫黄土,用铡刀铡断苜蓿或青草时的"嚓嚓嚓"的声响,重新在我耳朵里响起。这些在幼年看到的乡村生活太细碎,不能形成一种总体的直接的心理印象,为此我曾经几次走上白鹿原,在那些规模较大的村子里转悠,尤其是那些老房子和老街巷,企图感受到遗存在这里的旧时的气氛,虽不无收益,却是难以形成良好的感受。无论如何也料想不到,厦屋爷的呻唤声,把我欠缺的那种直接感受和直接体验填充起来了。

连着几个夜晚,我都在回嚼厦屋爷的呻唤声。这是厦屋爷睡到最沉最熟乃至睡死的状态下发出的呻唤,他自己肯定是无意识无知觉的,然而却是生理身体和心理身体的深处倾泻而出的,没有忧愁没有怨愤没有悲伤没有凄楚更没有痛苦,我所能找到的基本恰当的形容词汇,就是深沉而舒缓。我幼年被父亲的鼾声惊醒而一时难以入眠的时候,听到厦屋爷的这声呻唤,反而让我很快进入睡眠。当我即将动手写作《白》的时候,才反复咀嚼这呻唤声的内涵,这是我们家族中即将走到生命尽头的最后一个爷爷辈老人的呻唤声。我很自然地展开想象,无论人生信条人生理想的坚守和追求,无论财产的聚集或丧失,无论婚姻家庭的可心或别扭,无论行为里的端正或龌龊,无论亲族乡友相处中的亲了疏了乃至仇恨,等等。其中伴随一生的成功和得手时的巨大欢乐和得意,还有挫折和丧失时的难以承受的煎熬和悔恨,现在都淡释了烟散了,只剩下衰老躯体睡熟时发出的深沉而又舒缓的呻唤。

我的不大丰富的想象力竟然活跃起来,把厦屋爷的呻唤想象成白鹿原发出的呻唤的声音。我坐不住了,便走出小书房再走出大门,站在场边上面对村庄依靠着的白鹿原的北坡。突出的峁梁和凹进去的大小沟壑,在早春的星光下都呈现着模糊却也柔和的轮廓,稀疏的杂树撑立在坡坎上,静无声息。坡根下自东至西排列着一幢幢或排场或寒酸的房屋,以陈姓为绝对多数的这个只有五六十户人家的小村庄,因为"文革"焚烧了族谱,我问过许多老人都说不清有多少年的历史了。一茬一茬的娃娃在这家那家的土坑上落生,能逃过种种疾病存活长大,女娃嫁到外村,男娃在村前的灞河河滩地和村后的坡地上春种秋收,死了再由儿子埋到原坡上属于自家的某一块土地里。我自小在这原坡上割草挖柴逮蚂蚱,总是躲避那些长着荒草和荆棘的坟堆,有一

寻找属于自己的句子

>>> 陈忠实走出院子,坐在白鹿原上。

种本能的阴森。我现在站在门外的平场上。看着星光下静谧的原坡,不仅不再有任何阴森冷气,倒是耳畔不断萦绕着一种深沉舒缓的呻唤。我感觉已经开始融入这个原了。

由厦屋爷引发到白鹿原的这种呻唤,不仅扯开了我与白嘉轩们之间的朦胧纱幕,也使我获得一种前所未有的沉静的写作状态,这也是不曾预料得到的。在草拟和正式稿写作的四年时间里,常常有这样的情况发生,写得太顺利也太得意的章节,往往不自觉地进入一种太过兴奋状态,句子往往粗疏,把可能找到的更准确更形象也更耐得咀嚼的词汇和句式丢失了,甚至连稿纸上的钢笔字也潦草了。尤其是在写得不顺,甚至遇到怎么也跨不过的沟坎的时候,烦躁以至气馁。我往往是在夜静时分挪一小凳,坐在中院的破烂不堪的两幢厦屋之间,寻觅捕逮厦屋爷的呻唤,不仅使我过分兴奋的情绪归于沉静,更使我烦躁丧气的心境渐次恢复起来,明天早晨可以以一种沉静的心态打开稿纸。还有社会生活不断潮起的热闹,杂以文坛开始兴起的炒作的热闹,能使我看见权当没看见听见权当没听见而依旧坐在原下祖屋的屋院里,也是厦屋爷那深沉舒缓的呻唤给我的调节和镇静。我如果也学着自炒他炒赢得文坛的某些虚名,到厦屋爷那种年龄的时候,还能发出纯粹到无意识的深沉而舒缓的呻唤吗?

我从小小年纪喜欢文学并开始在作文本上涂鸦,尤其到新时期的文艺复兴,不断见识着也接受着种种关于写作的新鲜观点,还有不少成就卓著的中外作家的写作经验,作品如何既达到深刻性又有独自的发现,如何实现艺术的独创风格又能被普遍接受,种种观点和种种经验,有的给我以启发有的给我以借鉴,至少也给我开阔艺术视野的好处。然而,在我三十多年的习作历程中,第一次感知到幼年无意听到的一种声音——厦屋爷睡熟时同样无意发出的呻唤,却影响着我的生活思考,也影响着我的写作情绪。我至今难以判断,这是一种什么体验。

九　关于性，庄严与挑战

在"卡彭铁尔的到来,和田小娥的跃现"一章里,我写到查阅《蓝田县志》时,面对卷帙浩繁的"贞妇烈女卷"所发生的始料不及的深度震撼,最直接的冲面而来的声浪,便是这陈年老本里封盖着多少痛苦折磨着的女性的灵魂。在《白》书尚无任何人物和情节构想的情境下,田小娥(当时尚未命名)这个人物便冒出来了。一个没有任何机遇和可能接受新的思想启迪,纯粹出于人的生理本能和人性的合理性要求,盲目地也是自发地反叛旧礼制的女人。尽管当时还不可能有任何情节和故事,这个女人却出现了。我几乎不怀疑这种女人的生活真实,这是我耳闻的大量民间故事和我亲历的真人真事给予我的自信。

我从二十岁离开学校进入社会,到四十岁调进作家协会搞专业创作,整整二十年都工作在县以下的公社(乡镇)里,接触的

>>> 在《白鹿原》尚没有任何人物和情节构想时,田小娥这个人物便冒出来了。图为电影《白鹿原》剧照。

陳夫寶

多是乡村干部和农民,和许多人成为熟识不过也互相信赖的朋友。我听到过许多荡妇淫娃的传奇性故事。这些故事不知在乡间传播了几百年,依然在乡村的那些偏僻的角落里传播不衰。即使在20世纪70年代以阶级斗争理论为纲的时月里,我常常和农村干部一起参加各种名目的"学习班",在庄严的报告厅里,他们严肃地听报告;小组讨论时,也很认真地说学习体会;一旦到饭后的自由活动时间,他们便三五一伙聚到某个角落里,说着各自拥趸的那些被称做"酸黄菜"的民间故事。二十年间我不知听过多少回多少种,从来也没有在意过,听了哈哈一笑就过去了,更没有和写作联系起来,这些"酸黄菜"故事,是压根儿登不得文学的大雅之堂的。在我翻阅了那几本"贞妇烈女卷"的文本之后,那些尚未忘记的民间口头本的"酸黄菜"故事从心底浮出。我顿然意识到,民间流传着的无以数计的"酸黄菜"故事,毫不留情地亵渎着嘲弄着也颠覆着一县之志的庄严;在偏僻角落里说着听着那些"酸黄菜"故事的肆无忌惮到放浪的嬉笑声中,"贞妇烈女卷"里那些女人以神圣的生命所换得的荣誉,不仅一钱不值,而且是片甲不留体无完肤。

更有我幼年时亲眼所见的两件事也突兀地钩沉出来。我由那些"贞妇烈女卷"里密密麻麻排列着的作为楷模的女人的名字,想起悬在我家西隔壁门楼上方的那块贞节牌匾,大小仿若中学教室里的黑板,黑色发亮的油漆板面上的漆皮已出现小点脱落,自右至左排列着四个金色楷书大字:"贞节可风"。落款署名的人,是陕西完成辛亥革命后的第一任总督张凤翙。我自小就在这门楼前的空场地上和伙伴玩耍,到得能认识"贞节可风"那四个大字的时候,却没有任何兴趣打问这匾牌是奖赏给我们宗族里哪一位守寡守成贞妇的人,而且是陕西总督题写的匾牌,倒是把好奇心放在那个少见也难认的题匾人名字里的"翙"字上。直到1958年我上学到初中三年级,周六回到家门口,突然发现西隔壁门楼上方呈现着一方陌生的空缺,那块匾牌不见了。这是"大跃进"的强势"东风"卷起的"破除封建迷信"的运动,横扫打掉的。打掉了也就打掉了,在我几乎没有任何感觉,无非也仅仅只是觉得那门楼上方的空白有点陌生,过后很快也就不觉得陌生了。还有一件比这块匾牌更富刺激也更深印记的事,是对一个违抗婚姻法则的女人的集体惩罚事件。这是新中国成立前夕的事,我还没有上学,却有了记事能力,一个结婚不久的新媳妇,不满意包办的丈夫和丈夫家穷困的家境,偷跑了。这种行为激起的众怒难以轻易化解,在一位领头人的带领下,整个村子的成年男人追赶到新媳妇的娘家,从木楼上的柴火堆里扯出来藏匿的新媳妇,把她抓回村子,容不得进门,就捆绑在门前的一棵树干上,找来一把长满尖刺的酸枣棵子,由村子里的男人轮番抽打。全村的男人女人把那个捆在树干上的新媳妇围观着,却不许未成年的孩子靠近,我和小伙伴被驱赶到远离惩罚现场的空巷里,看不到那长满尖刺的酸枣棵子抽击新媳妇脸皮时会是怎样一副血流满面的惨相,只听见男人们粗壮的呐喊和女人们压抑着的惊叫声中,一声连着一声的撕心裂肺的惨叫,肯定是刺刷抽打时不堪忍受的新媳妇本能的叫声。这叫声尽管惨烈,在我毕竟是少不更事的时候,渐渐也就沉寂了。

四十多年后的这个春天,我在蓝田一家小旅舍的房子里,一页一页翻着"贞妇烈女卷"里那些不知封盖了多少年的女人名字时,我家隔壁门楼上的贞节匾牌和被刺刷抽击新媳妇的惨烈的哭叫声,从沉寂的心底复活了。竟然是历历在目,声声在耳。无需太多的回嚼,我为这一正一反的两个具象颇为惊讶。那副由总督题名的匾牌昭示着什么,而被搁绑在树干上用刺刷抽打的女人惨不忍睹的情景又炫耀着什么,这在20世纪80年代中期是一个不难回答甚或太过简单的话题。然而,那与我时空距离太过久远的"贞妇烈女卷",那些在我当做笑话听的流传民间的"酸黄菜"故事,尤其是在我幼年亲眼所见的本家宗室门楼上高悬的贞节匾牌,和那个因逃婚而被刺刷抽打的新媳妇的尖叫声,全都搅和在一起,抹掉了时间和空间的隔膜,也拂去了陈旧的烟尘,以一种令我心颤的新鲜和生动,横陈在我的眼前,盘绕不散,更无法淡忘。我一时尚意识不到,这部小说最初的酝酿实际已经自此开始了。同样让我可以说意料不到的是,随着一个个人物的出现,关于性的命题突显出来了。尽管这些刚刚出现的人物面目还比较模糊,却涉及性描写,在那时候我的文学创作观念里,无疑是一个严峻的命题,甚至可以说是一个十分严峻的命题。且不说新时期文学发展到20世纪80年代中期在性禁区做

陈忠实

>>> 陈忠实一时尚未意识到,小说最初的酝酿已经开始了。

了多少探索，仅我自身而言，这个性描写的命题更有特殊的严峻性。

在我小说写作的初始几年，似乎不由自主地以男性为主要写作对象，尤其是那些乡村各色老汉的生活故事和他们的个性，曾经颇得各家报刊编辑的赏识。我曾经不无得意。为了练习刻画人物的写作基本功，我写过一篇《徐家园三老汉》的短篇小说，在不足一万字的篇幅里，我想写出三个个性不同的老汉形象，甚得好评。在我生活的这个不大也不小的文学圈子里，甚至形成某种普遍印象，说我这个业余作者写乡村老汉比较拿手。当我后来由小小的得意进入反省，意识到这种写作状态的另一面，恰恰是自我局限。这种写作状态形成的原因并不奇怪，在我刚刚进入社会并确定把文学创作当做人生追求的时候，是重提阶级斗争并确立以其为纲的时候，一个接一个的运动发展到"文革"且不论，文艺界的阶级斗争也是一日紧过一日一年紧过一年，直到"文革"把几乎所有作家关进"牛棚"。我读过的新中国成立以后创作出版的文学作品，英雄人物和所有正面人物，有恋爱情节，却无一个字的性描写。我准确记得只有在长篇小说《创业史》里，写到破坏农业合作社的富农分子姚士杰强奸落后妇女素芳的场景。尽管篇幅很小，却独成稀有的一景，而且是为了揭示富农分子丑恶的灵魂而设的笔墨。在写到主人公梁生宝和改霞的初恋情节时，两个人连手指头也没有碰过，我尽管曾为梁生宝的理性深感遗憾，却仍然相信这是我读过的那个时期的小说里

陈忠实

>>> 在陈忠实生活的文学圈子里,普遍认为他写老汉比较专业。他与老年人交谈。

写得最动人也最可信的恋爱故事。我那个时候也读过一些翻译作品，倒是不乏爱情乃至性场景的描写，但在阅读的同时绝不发生迷糊，这是外国小说。外国小说是允许这样写爱情包括具体的性描写的，我们的小说不仅不能这样写，写了会吃不完让你兜着走的。直到"文革"中提出创作的"三突出"原则，几个样板戏里的英雄人物都是光身汉和寡妇，肯定是剧作家谁都不敢碰爱情这一页难念的经了，更不要说性描写了。在这种背景下学习小说写作的我，不说有意识或无意识，把学习创作的基本功力的练习对着男性，尤其是乡村老汉的生活故事，想来是无可选择也是很自然的途径。我在一种粗浅的反省之后，写了几篇以女性为主要描写对象的短篇小说，写到恋爱的美好，也写到挫伤留下的终生痛苦。发表倒发表了，却几乎没有引起任何反应，于好于坏都不见评说，倒使我丧气，甚至怀疑我对女性世界的了解和体验可能隔膜太远。直到1982年冬天，我写出第一个中篇小说《康家小院》，得到编辑颇热烈的反应，我才第一次获得了探索男女情感世界的自信。不过，仍是以写爱情为主线，涉及感情的复杂性，却基本没有性情景的描写，把握着一个"点到为止"的不成文的原则。这个不成文的写作原则，直到我已开始构思《白》，穿插写作中篇小说《四妹子》和《地窖》的时候，尽管已经意识到关于性的严峻性在《白》的写作中将难以回避，却仍然在这两部中篇小说中把握着"点到为止"。这两部中篇小说的男女角色和情感纠葛，提供了可能稍微放纵一笔，写他们和谐或不和谐的性心理感受里的性行为,我却依旧没有放开手笔。原因很简单,性在《白》的构思中刚刚有所意识,同时就显示给我的是这个甚为敏感的话题的严峻性,岂敢轻易放手;还有一点不好出口的心理障碍,读者对我的一般印象是比较严肃的作家,弄不好在将来某一日读到《白》时可能发出诘问,陈某怎么也写这种东西。

在《白鹿原》两年的构思过程中,爱和性是我一直反复嚼磨着的几个自以为重要的大命题之一。我曾搜寻过涉及这个命题的专论,关于爱尤其是性在文学作品中的必要性得到一种理论的确认,无疑给予我以启迪也给我信心。然而却很难与我正在构思的《白》里的人物发生切实的参照。理论阐述的是普遍的道理,而在我所要写的多个人物身上,很难发生具体的分寸把握的功能了。这是仰赖理论所不可能解决的事,不然就无所谓创作了,属于常识。让我确信必要而又恰当的性描写不应该继续成为禁区,是我对文学创作理解的一次突破。然而,哪个人物必须涉及性描写,分寸如何把握,却一直是我纠缠着的问题,又无法请教任何人。

随着《白》的构思的深入,关于性描写这个命题似乎又是很自然地得到解决,起初发生的那种严峻性,已经化释了其中的某些威压的成分,而更多地突显出某种庄严感,甚至连最初从理论上确认的关于性描写的必要性,进而增添了某种挑战的意味。这是我对那道"原"的不断深入的理解和体验,我对原上那几位逐渐生动也丰满起来的人物的自以为独自发现的感受,自然发

寻找属于自己的句子

>>> 田小娥的跃现,让陈忠实开始理性地探视男女描写的视角。法文版《白鹿原》封面就是田小娥。

生的某种未曾体验过的颇富挑战性的庄严感。我很清楚,这是我接受了关于人的"文化心理结构"的新鲜学说,并试探着对《白》里的人物完成透视和解析,看到蒙裹在爱和性这个敏感词汇上的封建文化封建道德,在那个时段的原上各色人物的心理结构形态中,都是一根不可忽视的或梁或柱的支撑性物件,断折甚至松动,都会引发整个心理平衡的倾斜或颠覆,注定人生故事跌宕起伏里无可避免的悲剧。获得了这个自以为得意的透视人物的视角,我很自然地把这个视角扩大到整个意象里的白鹿原,和这个民族历史一样久远的地理上的白鹿原和正在构思的小说意象里的白鹿原,被封建文化封建道德严密缠裹了不知多少层的爱和性,同样是支撑这道原的最重要的柱或梁式构件。岂止是我家后门外的这道原,辛亥革命的一个最切实的革命行动,是剪掉男人脑后的那根猪尾巴扯断缠裹女人小脚的发臭的布条;五四运动则提出婚姻自由,可见裹缠在爱和性这个敏感词汇上的臭布条,中国南方北方一样久远。这个时候,我才大致梳理出较为分明的头绪,对于在查阅《蓝田县志》的"贞妇烈女卷"时颇为激烈的心理反应,以及田小娥这个人物的跃现,现在都可以纳入到这个视角,进入理性的探视了。

我后来归纳的"写性三原则",大约就是在这个过程中完成的:"不回避,撕开写,不做诱饵。"既然我想揭示这道原的"秘史",既然我已经意识到支撑这道原和原上人的心理结构中"性"这根重要构件的分量,如果回避,将会留下"秘史"里的大空缺。

不仅不能回避,而且要撕开写,把我已经意识和体验到的缠裹着性构件的长布条彻底撕开,该当是"贞妇烈女卷"里无以数计的女人不敢出口的心声,也该当是民间盛传不衰的那些"酸黄菜"故事传播者未必自觉的叛逆心理,还有留在我幼年记忆里的那位逃婚者被刺刷抽击时的尖叫。

我的庄严感就由此而产生。

这种庄严感在我此前的写作中没有发生过,而且伴随着挑战性。这在我是很切实的矛盾,既要撕开写性,又担心给读者留下色情的阅读印象,确实感觉到甚为严峻的挑战。我给自己的定位比较清醒,不把性描写作为吊某些读者胃口的诱饵。尽管确信不疑,尽管不想如此下作,而要不造成色情或贩黄的阅读效果,关键就在性描写的必要性的再三审视和描写分寸的恰当把握。揭示这道原的"秘史"里缠裹得最神秘的性形态,封建文化封建道德里最腐朽也最无法面对现代文明的一页,就是"贞妇烈女卷"。在这部小说写作的四年时间里,我给自己写过两张提示性的小纸条:一张是关于性描写的三句话十个字"不回避,撕开写,不做诱饵",贴在小日历板上,时时警惕走神。另一张是田小娥被公公鹿三用梭镖钢刃从后心捅杀的一瞬,我突然眼前一黑搁下钢笔。待我再睁开眼睛,顺手在一绺纸条上写下"生的痛苦,活的痛苦,死的痛苦"九个字,再贴到小日历板上。其实这张纸条的内容已不属于提示性质,纯粹是我抑制写作冲动的即兴行为。后来我也意识到,仅写过的两张小纸条,都是与性描写有关。

十　从追寻到转折，再到删简

白鹿原和原上的白嘉轩。

抑或是，白嘉轩和他的白鹿原。

这是二十年前的1988年的清明前几天或后几天，或许就在清明这个好日子的早晨，我坐在乡村木匠割制的沙发上，把一个大十六开的硬皮本在膝头上打开，写下《白鹿原》草拟稿第一行钢笔字的时候，整个世界已经删减到只剩下一个白鹿原，横在我的眼前，也横在我的心中；这个地理概念上的古老的原，又具象为一个名叫"白嘉轩"的人。这个人就是这个原，这个原就是这个人。

自1985年秋天写作中篇小说《蓝袍先生》引发长篇小说创作欲念，到最后完成删减和具象，足足用了两年半时间。我把最后完成基本构思说成删减和具象，似乎更切合《白鹿原》构思过

>> > 陈忠实写《白鹿原》第一行起,白鹿原就具象为白嘉轩。

程中的特殊体验。两年多的时间里,除了读书除了不去不行的会议除了非做不可的家务以及不吐不快的少量写作,我的主要用心和精力都投入到我家屋后的白鹿原上,还有和白鹿原隔浐河可望的神禾原、少陵原、凤栖原和隔灞河可望的铜人原。白鹿原的西北端埋葬着汉文帝和他的母亲还有他的夫人。凤栖原上埋葬着汉宣帝。神禾原是柳青住过十四年完成史诗《创业史》最后自选安葬自己骨灰的地方。秦始皇在铜人原上"焚书坑儒",到汉朝又把他收缴天下兵器铸成的铜人搬来摆置在这道原上。从白鹿原东北端下原,沿灞河往东走不过二十多华里,就是挖出距今一百一十万年的蓝田猿人头盖骨化石的公王岭。在白鹿原西端坡根下的浐河岸边,有一个新石器时期(约七千年前)半坡人聚居的完整的村庄。白鹿原至今仍流传着这个皇帝那个皇帝在原上或纵马或郊游或打猎的逸事趣闻;大诗人王昌龄在原上隐居时,种植蔬菜,下原到灞河逮鱼,也少不了吟诗;王维走得更远,从长安城东的灞桥乘一叶小舟,沿着白鹿原下的灞河逆水而上直到秦岭山中的辋川,留下千古绝唱;刘邦从鸿门宴的刀光剑影下侥幸逃生回到白鹿原上,也许是从我家的猪圈旁边的小路爬坡上到原上的驻地。我不搞考古,对中国悠远的历史也马马虎虎,说以上这些遗存的史迹景观,仅仅是想让喜欢小说《白鹿原》的读者,大致了解一下地理上的白鹿原的方位,以及文明进程中虽然早已冷寂的几点遗痕,多少可以感知这道横在西安城东不过二十华里的古原,和我们悠远的历史基本同步,没有隔绝

>>> 陈忠实老家的村子紧挨着白鹿原,这是一块经历过风云变幻的土地。白鹿原西端坡跟下浐河边就是半坡人聚居地。

陈志实

更不是"世外桃源"。我那时对白鹿原太过悠远的历史不仅感到沉重,更有一头雾水的茫然,没有丝毫细究的兴趣。我在撞开绰号"蓝袍先生"徐慎行家雕刻着"耕读传家"的门楼下那两扇黑漆木门的时候,有一种奇异的惊悚的感觉。这种感觉不属于刚刚开始写作的中篇小说《蓝袍先生》的人物和情景,甚至使我在那一刻偏离了笔下的人物,把眼光盯住了白鹿原。此前我从来没有认真关注过我生活了大半生的这道原,仅仅只在一些小说或散文的风景描写里顺带过几笔,即如正在写作的《蓝袍先生》,我把这道原仍然依往常风景描写里的习惯称做"南原",根本没有触碰业已被淡忘却也颇富形象的白鹿原,可以见证我当时对白鹿原并无特殊的意识。

　　在那种奇异的心里惊悚发生的时候,我第一次把眼光投向白鹿原,预感到这原上有不尽的宝藏值得去挖掘。我在这个原上追寻了两年多,在那些糟得经不住翻揭的县志上,看到"竹书纪年"里的白鹿原人的生活形态,风调雨顺的丰年里的锣鼓,以旱灾为主的多种灾害里饿殍遗野的惨景;某朝某年发生的乡民驱赶贪官的壮举令人读来惊心动魄,万民自觉跪伏官道为一位清官送行的呼喊和眼泪感天动地。我踏访过创造中国第一部教化民众的《乡约》的吕大临的归终之地,也是牛兆濂(朱先生生活原型)建馆兴学的书院。我也寻找过在白鹿原上建立第一个共产党支部的那家粮店的遗址。还有我从老人口中掏出的包括我的祖宗的故事,不乏令我窃喜不尽的生活细节。自信这样的生活细节不仅在我读过的中国小说里没有见过,也不逊色顿河草原(我读的第一本翻译小说《静静的顿河》)和马孔多镇上(我刚读过不久的《百年孤独》)那些令我新鲜而又惊诧的异域异族底层社会的生活细节(仅就生活细节而言)。更有一些意料不及撞面而来的人生喜剧和悲剧,让我一次又一次产生情感冲撞和心灵震撼,对生活本身的丰富性愈加信赖也愈觉神秘,单凭想象力无论如何是难以取代真实生活的底色的……两年多的时间里,追寻到的白鹿原上的种种人和种种事,以及因这些人和事而诱发出来的虚构的人物和情节,使我一次又一次反复感知到起码适宜我的创作的某种规律,即真实生活里的某个情节乃至一个细节,当即会诱发想象力,并有一种抑制不住的兴奋和窃喜,又把记忆里的某些生活细节激活了。由生活诱发的想象里的虚构,在我揭开《蓝田县志》里的"贞妇烈女卷"时就开始了,之后的两年里就没有断止过。我在原上原下追寻着的每一步,想象力催发的构思同步发生,完全不是待生活素材搜集齐备才坐下来构思。在构思形成基本框架的过程中,很自然地发生过左右为难犹疑难断的烦恼和焦灼,这样构想觉得不尽我意,换一种构想似乎又很难判断比前一种构想强出多少,甚至包括某个人物的某些情节的必要性,常常也会发生难以抉择的困惑。

我曾经深切地感知到穿透这道太过沉重的原的软弱和平庸,深知这会直接制约体验的深浅,更会制约至关重要的独特体验的发生。我在反复回嚼这道原的过程中,尤其着意只属于我

寻找属于自己的句子

>>> 陈忠实在原上原下追寻着每一步,想象力催发他的构思产生。

的独自体验的产生,得益于甚为认真的几本非文学书籍的阅读(此前已谈及,不赘述),终于获得可以抵达这部小说人物能够安身立命的境地的途径,我也同时获得进行这次安身立命意义的长篇小说写作的自信,探究这道古原秘史的激情潮涌起来。这个过程自然是多重因素促成的。自我感觉是完成了至关重要的一次突破,也是一种转折。此前是追寻和聚拢的过程,由真实的生活情节和细节诱发的想象产生的虚构,聚拢充塞在我的心中,取舍的犹疑难决和分寸的把握不定形成的焦灼,到这种突破和转折发生时也发生了转折,开始进入删减过程。删减的过程完成得比较顺利,整个白鹿原很快删减到只具象为一个白嘉轩。实现这个突破和转折再到删减的过程,自然是由多重因素促成的,其中接受并初试"文化心理结构"这个新颖理论,对我看取白鹿原的世相和正在酝酿着的小说《白鹿原》里的人物,确凿有某种点化的神奇效应。

如实说来,实现这个关键性的突破和获得点化效应,也不是凭空而来或是突生奇想,更不是神灵点拨,确凿有一个蓄久的追寻和反复回嚼的基础。在我翻开县志里的白鹿原和漫步在白鹿原这村那庄的时候,心里一直悬挂着一个最直接最简单却也难回答的大问号,在最后一个封建帝国解体的时候,历经两千多年封建制度的这道原上大村小寨里的乡民,怎样活着?换一个角度说,两千年里轮番转换着的大帝国和小王朝的无数个或精明或昏庸的皇帝,给白鹿原数以万计的臣民留下了什么?稍微延伸一下,没有了皇帝的白鹿原上的村民,怎样走到1949年共和国成立?我说这个问题最直接最简单,这是任谁包括白鹿原上的乡民都看得见也回答得出的:和封建帝制一样久远的铁铧木犁继续耕地,自种自弹自纺自织自缝的单衣棉袄轮换着冬天和夏天,且不说频频发生的灾年的普遍饥荒和瘟疫流行时掩埋尸体的潦草……两千多年前的秦始皇在离这道原不过六七十华里的咸阳原上建立第一个封建帝国的时候,这道原上的人这样活着,到两千多年后最后一个皇帝被赶下台的时候,这道原上的人仍然这样活着。那惧决定碗里稀稠的木犁犁过两千多年的白鹿原的土地和时空,让我这个曾经也用它耕过地的作家,直到把眼光盯住这道原的时候,才发生了一点小小的感叹。这种感叹之所以不大更谈不上惊叹,在于司空见惯到麻木无觉的状态了。我又说这个问号很难回答,隐隐约约已经意识到,仅仅依靠着木犁和自织的棉布这样简单的生存方式,这道原上的人何以能延续两千多年?两千多年里,这道原上的人遭遇过多少回战乱、灾荒和瘟疫,到20世纪初最后一个皇帝被废掉的时候,依然按继往的秩序用木犁耕地用织机织布,男人吆喝耕牛的声音和女人搬动织机的响声背后,还潜存着什么?我的这个问号,开始就挂在发生辛亥革命的1911年这个年轮上。这是一个历史性的划界。

在我刚开始面对这个问号的时候,曾经浮现出鲁迅先生短篇小说《风波》里的一幕,被强迫剪掉辫子的七斤,在"张勋复辟"

的背景里惶惶不可终日的情景。几十年前在中学课堂上听老师绘声绘色讲解的时候,似乎只觉得滑稽好笑;几十年后到我面对白鹿原的时候,顿然意识到那是先生留给历史的碑刻式的一笔,一场打碎封建帝制的轰轰烈烈的革命,影响到中国南方一个靠摇船为生的乡民七斤家庭里的时候,仅仅只是一根辫子该不该剪掉的事。然而在我却有顿开茅塞的惊喜,白鹿原的男人们是怎样剪掉脑袋后边的猪尾巴辫子的?我在原上原下的村庄里曾经看见过不少剪掉辫子却仍在后半个脑袋上保留长发的遗老,据说我的祖父也残留着这种发型。男人们平衡在一根辫子上的心理,剪掉时会经历怎样一个心理过程?具体到已经酝酿着的白嘉轩和鹿子霖,剪掉辫子时会有怎样不同的心理过程?在诸如这种追寻不尽反嚼不尽的思绪里,接受"文化心理结构"理论就是水到渠成的事了。还有两本书的阅读受益匪浅,一本是号称日本通的美国人赖肖尔写的《日本人》,另一本是陕西一位学者研究以西安为中心的关中历史文化的专著《兴起与衰落》。前者的阅读,对我几乎有一种逼近的震撼,西方资本主义的新式武器——炮舰,几乎是一前一后对准并轰开了东方一小一大这两个封建帝国的大门,结果却大相径庭,一千多年前就拜中国为师的日本人,发现了西方国家更富活力的社会机制,断然弃师而把眼光投向西方,很快完成了"明治维新",开始了脱胎换骨式的和平革新,直至把刚组建的第一批炮舰对准中国。中国也搞了"戊戌变法",其结局不堪述说,之后的军阀混战,等等。除开以往接受过的常识性的解释,我切实感知到一种太过腐朽太过厚积的封建尘埃淤塞了中国人的心理,这对我解构白鹿原人的文化心理结构形态提供了一个大的背景。后一本《兴起与衰落》,专题研究的就是包括白鹿原在内的关中历史和文化,对我解构白鹿原人的文化心理结构更有切近的意义。我以文化心理结构来解读20世纪之初的白鹿原上的种种生活形态的男人和女人,穷人和富人,尤其用心地解析业已酝酿着的《白鹿原》里的人物。

我首先面对的是白嘉轩。我的意识已经明确而又集中,解析不透把握不准这个人的文化心理结构形态,不仅影响其余所有人物的心理形态的把握,而且直接影响到业已意识到的这部长篇小说内容的进一步开掘。(在此我不想做白嘉轩等人物文化心理结构的具体阐释。作者自己解释作品人物,在我是有难以跨越的心理障碍,作品人物摆在读者面前,相信他们会理解作者哪怕最含蓄最隐蔽的意图,没有必要再作小说文本之外的解释。)我在企图解析白嘉轩的文化心理结构的颇为困扰的时候,记不得哪一天早晨,眼前浮出了从蓝田抄来的《乡约》。就在那一刻,竟然发生一种兴奋里的悸颤,这个《乡约》里的条文,不仅编织成白嘉轩的心理结构形态,也是截止到20世纪初,活在白鹿原这块土地上的人们心理支撑的框架。小说《白鹿原》里的白嘉轩和地理概念上的白鹿原,大约就是在这时候融合为一体了。当初抄这份《乡约》条文的时候,多是一种新奇的感觉,很自然地联想到20世纪50年代中期我读中学时,上级要求家家户户在门楼柱墙上刷写内容完全一样的《爱国公约》。初看到《乡约》文本,我惊诧封建时代是以这种方式教化民众的,内容却比我看到的村子里家家户户门口的《爱国公约》的内容周密得多具体得多。仅此而已。大约两年后,这个《乡约》已经成为构想里的白嘉轩心理结构的鲜活的构件了。

这个《乡约》文本,是中过宋朝进士的蓝田人吕大临的作品。吕大临是个名副其实的大学问家,著述颇丰,尤值得提到的是他创立的"合二而一"哲学观,在近千年之后的20世纪60年代初,被杨献珍发掘出来,遭到批评,随即在全国掀起不小的批判"合二而一"哲学观的运动。吕大临不做官只专注研究学问,属于高层高端的事,竟然不忘对最底层民众的教化,为提高并培养整个民众的素质,编写了供乡村氏族祠堂教化子弟的教材,却比教材更硬一手属于"约"的性质,即必须照此做人行事。《乡约》内容具体而又直接,毫不含糊,该怎样做人做事和不该做什么样的人和什么样的事,规范性划界清楚,操作性很强。文字通俗易懂,简练顺口就很易记,显然考虑到受众绝大多数都是文盲这种实情。再究其源,吕大临曾在陕西关中眉县的横渠书院,拜理学——新儒学的关中学派创始人张载为师,也当属关学的中坚之一。张载的"为天地立心,为生民立命,为往圣继绝学,为万世开太平"语录的精神,在今天读来仍可感到神圣与豪壮。吕大临把这种精神具体化对象化到操作性很强的《乡约》,教化一千年前的南方北方的民众。而作为关中学派最后一位传人的朱先

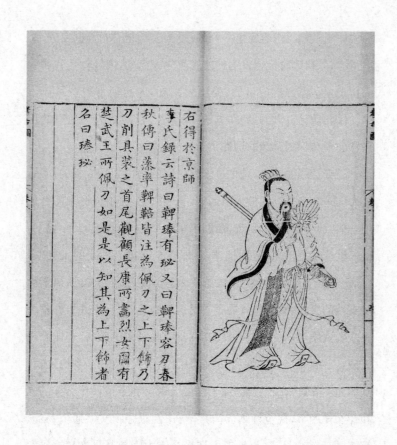

>>> 《乡约》已成为构想里的白嘉轩心理结构的鲜活构件了。《乡约》的作者吕大临。

生，在白鹿原依然坚持着《乡约》的普及性实施，白嘉轩是坚信坚守不疑的一位族长。我在这时候才对自己一直悬挂着的问号有了感觉，在木犁、棉布、饥饿、灾荒和瘟疫事象弥漫了两千年的白鹿原，还有一部《乡约》。这《乡约》应该是倚赖木犁和棉布延续生命的一个支撑性质的因素，也是抵御饥饿、灾荒和瘟疫之后继续繁衍的力量，却也是固封在木犁和棉布这种生活形态的枷锁。这《乡约》决定着中国人和世界各种肤色和体型的人的区别。肤色的深浅，个头的高矮，鼻子的长短，眼珠的蓝色或黑色，仅为其肢体表征的区别，而本质的区别在文化心理结构，以《乡约》构建心理框架结构的白鹿原人，才从内在里显示着独有的共性和各自的个性。

  解构透视出白嘉轩的文化心理结构形态，有一种豁然开朗的兴奋和痛快。白嘉轩和《白鹿原》里各个人物的种种冲突，顿然梳理明朗了；某些情节着墨的轻重，也很自然地显示出来了；不少此前酝酿过程中甚为得意的生动情节，此时发现游离在白嘉轩心理冲突之外，只好忍痛放弃了。我的意识很集中也就单纯到近乎简单，我要表述的《白鹿原》里的最后一位族长，依他坚守着的《乡约》所构建的心理结构和性格，面临着来自多种势力的挑战，经济实力相当却违背《乡约》精神的鹿子霖，是潜在的对手；依着叛逆天性的黑娃和依着生理本能基本要求的小娥，是白嘉轩的心理判断绝对不能容忍的；以新的思想自觉反叛的兆鹏和他的女儿白灵，他却徒叹奈何，这是他那种心理结构所决定的强势,唯一难以呈现自信的对手;他倚重的白孝文的彻底堕落、彻底逸出,对他伤害最重,却撞不乱他的心理秩序……这样,我才获得了本文开头的那种删减结果——

　　白嘉轩就是白鹿原。一个人撑着一道原。

　　白鹿原就是白嘉轩。一道原具象为一个人。

　　我才踏实地打开笔记本,草拟这个人和这道原上的故事。

十一　我的剥离

我后来才找到一个基本恰当的词儿——剥离，用以表述进入 20 世纪 80 年代我所发生的精神和心灵体验。

先从一件铸成我人生刻骨铭心记忆的事说起。准确无误记得是刚刚过罢 1982 年春节，我所供职的灞桥区抽调一批干部分派到各个公社（即乡镇），协助并督促落实"中共中央 1982 年一号文件"。用一句话概括文件精神，就是分田到户。区上限定大约三个月的时间，必须实现把土地分配到农户手中，自然还有农具、耕牛等。我和一位年龄相仿的水利干部被划为一个工作组，派驻渭河边一个既种小麦棉花又栽水稻莲藕的公社。我俩骑着自行车载着铺盖卷赶到公社时，被告知公社机关办公房偏紧，就把我俩安排到距离不远的一个业已人去房空的下乡知青住过的院子里。我把铺盖卷摊开在知青睡过的床铺上，接着生着了火

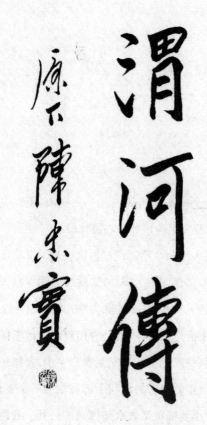

>>> 1982年,陈忠实被派驻到渭河边的一个公社。图为他题写的《渭河传》。

炉。返回西安的男女知青们留下的这个阔大空旷更显冷清的大院，现在又有淡淡的灰色烟气从屋顶上冒出来，我俩反倒庆幸难得占有这样宽敞的一方空间。

我和同来的水利干部跟着公社干部，从早到晚骑着自行车奔跑在公社所辖的三十多个大小村子里，或是开社员大会宣讲"中共中央一号文件"，或是召开有社员代表参加的干部会，研究土地、耕畜和农具的分配方案和办法，再召开社员大会征求意见，补充完善之后再实施。这个过程里牵涉每一家每个人的直接利益，七嘴八舌乃至面红耳赤甚至破口动粗，几乎每个村子都难以避免。我倒也不烦，十年的农村基层工作对于这种现象早已司空见惯，不说经验，起码不会惊诧也不会慌乱失措了，颇能耐心地调解矛盾，把分田到户的工作逐步推开并落到实处。几乎每天都是一大早出门，深夜才回到那个悄无声息的原知青大院，还盘算着工作进度，能不能在棉花播种水稻插秧之前把土地分到农户手中，农时不待人，不能耽搁一料庄稼收成。

有一天深夜，我一个人骑着自行车从一个村子往驻地赶（水利干部请假），早春夜晚的乡野寒气冷飕飕的，莲池里铺天盖地的蛙鸣却宣示着春天。我突然想到了我崇拜的柳青，还有记不清读过多少遍的《创业史》，惊诧得差点从自行车上翻跌下来，索性推着自行车在田间土路上行走。一个太大的惊叹号横在我的心里，我现在在渭河边的乡村里早出晚归所做的事，正好和三十年前柳青在终南山下的长安乡村所做的事构成一个对比。20世纪50年代初,柳青举家从北京迁回陕西,把家安到长安农村,他以县委副书记的身份,直接参与刚刚兴起的农业合作化运动,走村串户,宣传实行农业集体化是共同富裕的道路,教育农民放弃单家独户的生产方式,把一家一户的土地挖掉界石和隔梁归垄合并,把独槽单养的耕畜牛、骡牵到集体的大槽上去饲养。近三十年后的1982年春天,我在距他当年所在的长安不过一百多里的渭河边上,把生产队集体的大片耕地,按照地质的优劣划分等级,再按人头分给一家一户。我看着那些刚刚分得或宽或窄或大或小一绺一块土地的农民,当即动手在地头栽下界石,再用铁耙刨成隔梁,大片待耕待播的棉田里,不出一晌工夫,便堆满了令人眼花缭乱的湿土埂梁。我在看见第一个村子分地栽界石刨隔梁的那一刻,心头有一句未涌出口的话:建立并巩固了近三十年的农村集体所有制,彻底瓦解。我刚才走出的村子,是把生产队集体饲养的以牛为主的耕畜分配给农民个人去饲养的第一家,因为农户多耕畜少,无法公平分配,便采用抓阄儿碰运气的办法倒消解了意见。看着那些抓阄儿得手的农民一个跟一个走进饲养室,从大槽的横梁上解下母牛或犍牛的缰绳牵出饲养场大门,走进东头或西头的村巷,我的心头又涌出一句未出口的慨叹:无论最初的农业生产合作社,无论后来的人民公社集体所有制彻底解体,又恢复到1953年之前单家独户种庄稼过生活的乡村秩序……我在这个清冷的春天的乡村深夜里,想到了柳青和《创业史》,不是偶然兴之所至,而是必然要面对的生活课题。

陈忠实

我从对《创业史》的喜欢到对柳青的真诚崇拜,除了《创业史》的无与伦比的艺术魅力,还有柳青独具个性的人格魅力之外,我后来意识到这本书和这个作家对我的生活判断都发生过最生动的影响,甚至毫不夸张地说是至关重要的影响。我生活在农村。我们那个小村子建立农业合作社的时候,我刚刚上中学。我看着父亲满脸不悦地拉着我家的黄牛送到临时作为饲养室的一孔大窑里,甚至对父亲有一种不以为然的情绪。我对刚刚成立的农业社洋溢着满心的新鲜感,常常跑到地头看聚拢在一块地里干活的男人和女人。我在中学二年级的语文课本上学到了第一篇反映农业合作化的文学作品,就是李準的短篇小说《不能走那条路》。这篇小说的思想倾向既坚定又形象化,单家独户的小农生产方式的路再不能往下走了,那是一条苦难之路;应该走的是合作化的道路,这是使农民共同富裕的社会主义康庄大道。语文老师这样讲解这篇小说的主题意旨,我都接受了,充满了美好的向往。然而,真正对农业合作化的更切近个人情感的理解,却是一年后我读初中三年级和高中一年级的时候。《创业史》在《延河》连载,我每月用家里给的买咸菜的钱到邮局买一本《延河》杂志,后来又买了全文刊载的《收获》。姑且不说这部小说对我这个文学爱好者在包括语言等艺术上的完全倾倒,单是对中国农村和农民的认识,《创业史》给我的既是启蒙也是深刻的影响。柳青揭示的几种极富代表性的农民家庭形态,和几个堪称典型的农民形象,不仅让我感受着不尽的阅读惊喜,重要的是在潜意识里铸成一种生活理念,农业集体化是农民摆脱贫困走向富裕的唯一选择。今天回想起来颇为有趣,我对农民走集体化道路的确立和坚信不疑,不是从理论开导发生,而是由李凖的短篇小说尤其是柳青的长篇小说《创业史》的学习和阅读而形成的。我后来走出学校进入社会才读到关于农业合作化的大量批示和按语,更从理论上坚信不疑了,这是我对乡村和农民问题的看法形成的基本过程。

尤其是我在公社(即乡镇)工作的十年时间里,不仅对集体化道路信奉不疑,而且不遗余力地做着最具体最切实的事。我在公社分管过卫生工作,每一个村子都建立起医疗站;我抓过养猪,落实毛泽东《关于养猪的一封信》的精神,实现了每户一头猪的要求;我同时还兼管蔬菜种植,保证上级分配给我们公社的城市区段的蔬菜供应;我常常被派驻到某个派性严重对立或干部撂挑子不干的村子,少则半月长则半年,化解矛盾恢复生产。我在公社工作的后两三年,干了三件较大的工程:一是贯通大半个公社的一条引灞河水灌溉大渠,把旱地变成水浇地;再一个是利用夏收完秋播前的两个月时间,平整了八百亩坡地,修建成保水保肥的台阶式平地;最后为我家乡的灞河修造了一条八华里长的河堤,一劳永逸地解决了洪水泛滥淹田冲地的灾害,至今依然发挥着作用。我把三十年前干过的一些事摆列出来,不是为着自我显摆企图奖赏,即使有这想法也太晚了。我只是想用这些做过的实际工作,证明我在认真地实践着"集体富裕"的理论信

陈忠实

>>> 陈忠实长期生活在农村,做过大量的实际工作。

仰。这个时候的社会大背景是"文革"中后期,"四人帮"的极"左"路线推行的农业政策,已经"左"到了不能再"左"的极端,生产发展受到致命性的制约和限制,如我工作的公社里的条件甚好的一些村子,也发生农民口粮欠缺吃不到新麦上场的穷困地步。在这种生活环境里,不仅我,周围的不少干部也都在窃窃私议,对农民的限制太死了,最典型也最可笑的一件事,农妇养鸡下蛋卖给公家供销社还是卖给个人,也属路线斗争。无论我无论周围的干部,议论只局限在某项具体政策的恰当与否,谁也不会发生对农业集体所有制的丝毫怀疑,甚至可以说,对自20世纪50年代中期完成的农业集体化体制的理性信奉,已经形成意识里的自然性习惯。我在中国行政建制最下边的一级政府机关人民公社(即乡镇)里,工作的对象是集体所有制下的农民,他们碗里的稀稠乃至有无,是我无法逃躲的永久性问题;我在他们眼里,是公家干部,他们村子里发生的问题和矛盾,找我是很顺当也很自然的事,包括把我堵在办公室要救济粮,分配数字不满足时,真的动火吵闹,根本不在乎甚至完全不知道我还喜欢写什么小说;我自己从来都是以公社干部的姿态心态和农民说话办事打交道,似乎没有发生过以作家的心态姿态去体验和观察他们的生活。几十年后回看乃至审视在公社十年的生活,基本上还是专心致志尽心尽力为着集体化的乡村做着一个又一个具体的事。尽管有"文革"动乱,有极"左"路线和极"左"政策导致的集体经济发展的困境以及破坏,然而对农村集体所有制和集体化道路,无论作为一个公社干部,无论作为一个业余文学写作者,从来也不曾发生过怀疑,分田到户的事不是不敢想,确凿是不可能也不会去想的事。

  1982年春天的这个深夜,在渭河边的麦田棉田稻田和莲藕地交错着的乡村土路上,我刚刚看过农民从集体大槽上把耕畜牵回家去的全过程;昨天或前天,我看到集体的棉田被分割成一绺一块,栽上了个体农民的界石。这是两个带有示范性的化整为零的公平分配的举动,公社所辖的三十多个生产大队所属的近百个生产队,将依此效法全面铺开分田分牛的工作。不出半月,一望无际的渭河平原上正在返青的麦田,等待翻耕的棉田和稻田,还有地方特产莲藕生长该当放水的池塘,都将被分割成一绺一块,栽上永久性界石或临时插一根标杆;同样不出半月,作为每个村子人气最旺的饲养场,将是牛去槽空门可罗雀。我想到柳青的同时就想到一个问题,柳青如果还健在,如果看到眼下分田地分耕畜的场景,将会做何感想?我甚至产生过也许是庸人自扰的担心,当年身体力行推动农业合作化,又倾尽智慧和情感创作出被公认为"史诗"的长篇小说《创业史》,柳青会不会在此情此景里伤心?尽管柳青逝世还不足四年,急骤变化着的生活现实不允许"如果"这种假想成立,无疑是永远也不可能获得答案的。我几乎同时意识到,其实这是自己正遭遇到的必须回答却回答不了的一个重大现实生活命题,无非是借助几十年一直崇拜着的柳青,使这个横在心头的问题暂得回避或转移。我

寻找属于自己的句子

>>> 陈忠实经历过渭河边上的许多事。他在白鹿原上为创作找灵感。

心里很清楚这个问题的核心,作为一个农村题材写作的作者,你将怎样面对三十年前"合作"三十年后又分开的中国乡村的历史和现实?这个问题一时回答不出,事实是随后许久都在寻求起码使自己信服的答案,颇为不易。反倒是涌出这个问题的这一夜的这一刻,我的身份和思路,由一个行政干部转换为作家(尽管属业余创作)。在作为一个基层干部的时候,我毫不含糊地执行"中共中央一号文件"精神,切实按照区委、区政府的具体实施方案办事,保证按照限定的时间,把集体所有的土地、耕畜和较大型的农具分配到一家一户;在我转换出写作者的另一重身份的时候,感到了沉重,也感到了自我的软弱和轻,这是面对这个正在发生着的生活的大命题时的真实感受。这种感受发生在1982年的早春的渭河边的乡野里,成为我人生历程中难以淡漠的新鲜记忆。

我后来梳理自己那一段至关致命的精神历程的时候,才发觉此事并非出自偶然。在截止到1982年早春下乡到渭河边之前的三年时间里,我发表的三十多篇短篇小说和特写,一类是不涉及农村政策的秦地风情和人物,一类是对极"左"政策和不正之风伤害农民的揭露,还有一类写摆脱极"左"政策实行责任制管理的农村新人。尤其是三四个月前,我刚刚写成一篇报告文学《崛起》,是写一个年轻的党支部书记带领社员打翻身仗,把一个劳动日价值不过一元的"烂杆儿"村,变成家家存款过万、户户住上二层楼房的"超级富裕村"(就1981年的水准),而且依他的某些极富个性化的生活细节,写了一组短篇小说。这就清楚不过地表明,不仅理念,包括情感,我都还倾注在集体经济上。我赞成开始实行的包括开放农村市场的新政策,也赞成体现按劳分配的包工包产管理办法,而且写了几个短篇小说。但是,我没有想到分田到户的无异于单干的大动作;尽管近一年来私下里有传闻说,安徽某地试行分田到户了,却不敢相信。仅仅在写过颂扬集体富裕带头人的报告文学之后三四个月,我却在渭河边的乡村里,督促着一个又一个集体所有制的生产大队把土地、耕畜和农具分配到一家一户去经营,农民都明白这个所谓"责任制"的名称的实质,就是单家独户的"单干"。我着实感到措手不及。我不仅感受到理解这个突然出现的生活大命题的思想的软弱和轻,也切实感受到情感投向陷入漩流似的紊乱。我依多年干部的习惯,完成了在渭河边一个公社分田分耕畜分农具的任务,回到文化馆不久,写了短篇小说《霞光灿烂的早晨》。这是我唯一一篇直接切入这场重大生活变革的小说,尽管用了一个很阳光的篇名,评家和读者却感知到"一缕隐隐的留恋"。我写一个为生产队抚育了多年牲畜的老饲养员,在分掉牲畜牛去槽空的第一个黎明到来时的心理情感。在当时几乎一哇声地既揭露集体化弊端又赞颂"责任制"的作品中,我写的这个老饲养员恒老八,却流露出一缕留恋的情绪,就引发出不太被在意的侧目。我心里倒也踏实,在实行了近三十年的农业集体化的中国乡村,仅我工作过十年的那个灞河边上的公社的大村小寨里,确凿有不少为社员尽心尽力的乡村干部,以及默默无闻的饲养员,他们把自己的心智和精力倾注到集体事业上,十几年甚至几十年费心竭力,到1982年春天必须按限定时间散伙,心理上远远不止一缕留恋。我在渭河边的村子里,接触那些自合作化伊始就当干部而依旧是挣工分的农民身份的男人和女人,不由得想到柳青笔下的梁生宝的生活原型王家斌,他们无非是没有遇合到某个作家才默默无闻,他们和我熟悉后,总是随口发出慨叹,三十年前咱动员人家把牛合槽饲养,三十年后咱又把牛分给人家拉回家去,你说咱三十年倒是干了一场啥事嘛!我对他们并非一定要我回答的慨叹,感到的不纯粹属于写作者才有的软弱和轻。作为一个写作者,我很难把握他们的人生慨叹,仅仅只是把一丝一缕留恋的情绪体现在恒老八这个老饲养员身上,在我的文字里留下一笔印痕。他们的这种人生慨叹,不属于个人的私有情绪,而是生活发生重大转折时,无以数计曾为集体所有制下的农村费心用力的一茬人的普遍心情,我也有。

我回到被调侃为"闲人店"的文化馆,却闲不下心来,在渭河边那些或大或小的村子里所经历的人和事,长久地横在我的心里,作为派出干部我完成了工作任务就行了,作为写作者面对农村的时候,我更深切地感到了思想的软弱和轻。

到这一年的秋收之后,我自家也分到了几亩土地,我请假回家给自家种麦子,我的角色就是一个地道的农民了。我的妻子和孩子属于农村户籍,分到了土地。我和几个热心的农民搭帮

>>> 陈忠实又回到了被调侃为"闲人店"的文化馆,心却闲不下来,许多人和事在他心里挥之不去。

结伙为临时互助组,扶犁的扶犁,溜种子的溜种子,身强力壮却又欠着技术火候的我,便自告奋勇把皮绳搭到肩头去拽犁。因为耕牛太少,坡地里和河川里到处是人在拽犁播种麦子,谁也不笑话谁。大约有七八天时间,我都是肩头挂着粗硬的皮绳,在坡地里和滩地上拽犁,直到把我家和搭伙互助几家的麦子种完,得到了从未有过的当牛的体验。我拽着犁流着汗在田地里来回劳作的时候,偶尔会想到,中国还有没有哪位作家也有拽犁的经历和体验,一个和牛一样拽犁种麦子的人,竟然还操心着农民命运这样的事,我不完全觉得滑稽,却切实感到可笑里的自卑。之后每到礼拜天回家,放下自行车喝一口水,我便上坡下滩,把已经出苗显行的麦子看一看,这些大小不等的田块,属于我家。直到第二年春天麦苗返青,再到吐穗扬花,直到黄熟,田埂上被我踩成一条小径。指望着多收三五斗的我,还在继续着有关农民命运的难解的课题,还继续做着作家的梦,无论滑稽无论自卑都不能改变。我确凿记得,横在心头的那个生活大命题获得的转机,发生在夏收我家打完麦子的那个夜晚。勿需赘述收割和脱粒的脱皮掉肉的辛苦,就在用土造的脱粒机打完麦子之后,我的新麦装了满满二十袋,每袋按一百斤算,竟有整数两千斤,妻子和孩子人均五百斤,全年尽吃白面可以吃两年。这样令我几乎不敢相信的一大堆麦子,其实在村子里只算得中等水平的收成,那些精于作物而又勤劳的老庄稼把式,收成比我家好得多了。打麦场成为男女老少活动的中心,从早到晚洋溢着喜悦的气氛。

即使不识字的人也会算这笔很简单的大账,今年一料麦子的收成,抵得上生产队三年或四年分配的夏季口粮。这一夜我睡在打麦场上,装在袋子里的新麦明天要晾晒,看着身旁堆积的装满麦子的袋子,尽管很疲劳,我却睡不着。打麦场上堆着好多人家的粮袋,也是等待明天晾晒,我能听到熟悉的同样是守护自家麦子的乡党的说笑声。我已经忘记或者说不再纠缠自己是干部,是作家,还是一个农民的角色了,心头突然冒出一句再通俗不过的话,何必要在一棵树上吊死?

1982年年尾,我被调进陕西作家协会创作组,成为一个专业作家。1983年春夏之交,我受益于陕西省新出台的一部关爱知识分子文件的优惠政策,把妻子儿女的农村户籍转入西安。仅仅在半年时间内,我由一个行政干部转换为专事文学创作的作家,我的妻子儿女一夜之间由农民转换为城市居民,靠粮票到粮店买米面过日月,再不用操心天旱雨涝制约着的收成的丰歉了,真可谓好事迭着撂儿来了。

我后来才意识到这些好事发生时的某些生活玄机,在我从乡村基层干部转换为专业作家之前仅仅三两个月,生活驱使我在刚刚分给妻子儿女的田地里当了一回牛,把皮绳套在肩膀拽着犁播种麦子,满脸的汗水不断滴到脚下的土地上,获得了一次真实的体验,可以当做告别这块世代祖宗赖以生存的土地的虔诚的礼仪;尤其是在转换为专业作家这种社会角色的这年年头,给我到渭河边乡村工作的机会,这不是以往我已习惯的下乡,而是由我直接参与把集体所有的田地耕畜和农具分配到一家一户,把包括我在内的无以数计的干部苦心巴力巩固了近三十年的农村集体所有制完全解体,让我有了这种千载难逢的体制改革的感受和体验,把一个生活演变的大命题横在我的心头,迫使我理解,迫使我回答,没有任何回避的余地。这意味着一个残酷的现实,如果对这个大命题不能获得自己的独立理解,就不可能发生创作所至关重要的独特体验,我的乡村题材的创作就不可能获得进展。我和打麦场上的农民乡党一样守着自家麦袋子的那个晚上,和他们一样享受好收成的喜悦之外,对压迫着我一年多的那个生活大命题发生了转机,倒使我自己都很惊讶,在这样繁重的纯体力劳动的场合里,我依然继续着一个写作者的思考,而且在完全意料不及的打麦场的这个夜晚,获得了转机,毋宁说是我未来乡村题材创作的生机。我在慨叹不必在一棵树上吊死的时候,几乎同时想到"不论白猫黑猫,能逮住老鼠就是好猫"这句话。

仅仅只自种自收了一料麦子,因为妻子儿女的户籍转入城市,便把那几亩土地交回村委会,我不仅没有把家搬进城市,反倒从原来供职的区文化馆所在的灞桥镇搬回甚为偏僻的老家。不单是专业作家不用坐班,时间由自己安排支配,更重要的是出于我的也许特别的心理,想找一个清静甚至冷僻的环境,读我想读的书和非读不行的书,尤其是需要冷下心来,回嚼我亲身经历的生活,我刚刚跨过四十岁,前二十年作为学生所看见的乡村生

寻找属于自己的句子

>>> 1983年陈忠实又搬回到老宅子。他和妻子面对将要离开的旧居。

活,以及后二十年直接参与其中的乡村生活。我在亲身参与其中的二十年里,有许多直接的感受和体验,现在跳出具体的生活位置,不再是以干部而是以作家的身份看取昨天的生活,更有可以说是天翻地覆的正在发生着的改革,需要坐下来回嚼。回嚼自己经历的生活,每有所得,且涨起某种新鲜到自鸣得意的心境,便形成一部小说,多是中篇,有新中国的阳光刚刚温暖乡村农舍的时候,一个极普通的人家发生的爱情悲剧的《康家小院》;有极"左"政策扭曲人性使人变形的《梆子老大》,还有直接面对"文革"的《地窖》等。直到回嚼出《蓝袍先生》并引发《白鹿原》的创作欲望,再经过两年构思四年写成,我最直接的自我感动,是对白鹿原北坡根下祖居老屋这个写作环境的选择,无疑最适宜我的回嚼。这十年的回嚼和写作,得益于 20 世纪 80 年代新思维新流派的启发和丰富,也得助于许多非文艺书籍的启迪和开通,前面几个话题已有涉及,不再细说。

  后来总是回忆到原下老屋十年的写作生活,生出一个"剥离"的词,取代回嚼,似乎更切合我那十年的精神和心理过程。20 世纪 80 年代初,我采访过一位搞农业试验的科技工作者,获得一个技术性词汇"分离",是说种子提纯复壮过程中,淘汰劣种,选择优种,坚持数年,不断分化,直到取得一种优良而又稳定的植株的种子,才推广开去。我对生活的回嚼类似"分离",却又不尽然,在于精神和思维的"分离",不像植物种子劣汰优存那样一目了然,反复回嚼反复判断也未必都能获得一个明朗的选择;

尤其是在这个回嚼过程中，对于昨日既有且稳定了不知多少年的理论、观念，且不说审视、判断和选择的艰难，即使做出了劣和优的判断和选择，而要把那个"劣"从心理和精神的习惯上荡涤出击，无异于在心理上进行一种剥刮腐肉的手术。我选用"剥离"这个词，更切合我的那一段写作生活。

这种精神和心理的剥离几乎没有间歇过。当胡耀邦总书记在中央会议上号召党的各级领导带头脱下中山装换上西装领带的时候，我看着电视荧屏上西装领带装备一新的胡耀邦的形象，脑海里自然浮出毛泽东等第一代领导人一律中山装的画面，似乎意识到这不仅仅只是换一身装束；古时折柳送别的灞河桥头古镇上，逢着集日拥挤着的牵牛拉羊挑担推车卖货买货的男女农民之中，突然有三四个穿喇叭裤披长发的男孩女孩旁若无人地晃悠，竟然引发整条街道上的行人驻足观赏，惊呼怪物；无主题无人物无标点小说和朦胧诗在文坛引发的激烈争议，使我无端地和灞桥镇上第一次出现喇叭裤时的惊诧联系起来；我被朋友引去看扭摆舞，是在一个很小范围的隐蔽环境里，第一次看着绷紧屁股更绷紧胸部的妙龄女子疯狂扭摆肢体的时候，我的发胀的脑子里浮出"忠字舞"的场面；我看到县长给全县第一个"万元户"披红戴花的电视画面时，又一次想到吃着自带干粮为农业社换稻种的梁生宝和真人王家斌，还有柳青；当城市和乡村刚刚冒出一批富裕户，立即引发"造导弹的（收入）不如卖茶叶蛋的"惊呼，并波及文坛"文人要不要下海"的争论，等等。这些接踵而

陈忠实

>>> 精神和心理对于陈忠实的剥离几乎没有间歇过,首先受到冲击的是他意念中的那些"本本"。

来撞人耳眼的事，在我都发生着"剥离"的过程，首先冲击的是我意念里原有的那些"本本"，审视，判断，肯定与否定，淘汰与选择，剥离就不是轻易的一句话了，常常牵动感情。以上不过是随意列举20世纪80年代发生的生活事象，我既不能看了听了权作不见不闻，甚至没有一件会轻易放过，曾经怀疑自己心胸是否太窄，有些毫不关涉自己的事又何必较真；又怀疑自己是不是因为既有的"本本"影响太深，剥离就显得太艰难，甚至痛苦。然而，无法改变。还有比这些生活世相更复杂也更严峻的课题，譬如怎样理解集体化三十年的中国乡村，譬如如何理解1949年新中国之前的中国乡村，涉及思想、文化、革命、传统与现代、社会主义和资本主义，等等。剥离这些大的命题上我原有的"本本"，注入新的更富活力的新理念，在我更艰难更痛苦。剥离的实质性意义，在于更新思想，思想决定着对生活的独特理解，思想力度制约着开掘生活素材的深度，也决定着感受生活的敏感度和体验的层次。我之所以注重思想，是中外优秀作品阅读的影响。

是20世纪80年代不断发生的精神和心理的剥离，使我的创作发展到《白鹿原》的萌发和完成。这个时期的整个生活背景是"思想解放"，在我是精神和心理剥离。

我记着，这种剥离初始发生于1982年的早春，在渭河边一个深夜的乡村土路上。

十二　原的剥离

我在20世纪80年代初发生的精神和心理剥离,延伸并贯穿着整个80年代,既涉及现实和历史,也涉及政治和道德,更涉及文学和艺术。这种连续不断的剥离的每一次引发,几乎都是被动的,一种新的政治理念和新潮口诀,一种新的文学流派或一种文学主张,一种大胆的生活理念和道德判断,都会无一例外地与我原有的那些"本本"发生冲撞,然后便开始审视和辨识,做出自以为可信赖的选择。这种剥离一次接一次发生时尽管多属被动,而一旦我面对其颇为艰难甚至痛苦的过程时,却是一种类近决绝的挑战心态。之所以有这种心态,在于我此时甚至稍前对自己做过切实的也是基本的审视和定位,像我这样年龄档的人,精神和意识里业已形成了原有的"本本"的影响,面对80年代初生活发生的裂变,与原有的"本本"发生冲撞就无法逃避。我有

寻找属于自己的句子

>>> 这种剥离竟然指向了地理上的白鹿原和他正在酝酿着的长篇小说《白鹿原》。

陈朱宝

甚为充分的心理准备，还有一种更为严峻的心理预感，这是决定我后半生生命质量的一个关键过程。我已经确定把文学创作当作事业来干，我的生命质量在于文学创作；如果不能完成对原有的"本本"的剥离，我的文学创作肯定找不到出路。我以积极的挑战自我的心态，实现一次又一次精神和心理的剥离，这是纯粹指向自己的一种选择，说来也是很自然的一个过程。

确凿在我意料不及的是，这种自我选择的纯粹指向自我的精神和心理剥离，竟然指向了地理上的白鹿原和正在酝酿着的小说《白鹿原》，自然是指向这原上的人，在我已确定的 20 世纪之初，无论男人和女人，也遭遇到一种精神和心理的剥离。这个绵延了两千多年有文字记载的白鹿原，遭遇或者说开始发生了划时代的剥离。相对于渺小的我的剥离，这是一座原的剥离。

横在我眼前的这座古原，据《竹书纪年》的文字记载，"有白鹿游于西原"。这座位于蓝田县城西南方位的原，便有了新的名称"白鹿原"。白色的鹿被先民看成神鹿，将给这座古原带来吉祥。民间传说里的神鹿所带来的吉祥已经具体化形象化，风调雨顺，五谷连年丰收，毒虫自毙，痊痨廓清，尊老爱幼，邻居以及村舍人群之间都是彬彬礼仪，夜不闭户，更无仇杀……读到原上先民寄托在一只被神化了的白鹿身上的向往里的生活景象，当即联想到早已储存于心底的共产主义的美好图景，这是在中学课堂上政治老师绘声绘色灌输给我的生活画面。我颇为惊奇，几千年前白鹿原上的先民理想中的美好生活构图，与几千年后包括我在内的信仰不渝共产主义的人们所憧憬的天堂般的生活图景基本相同，差别仅仅在于，先民把这种美好的生活理想寄托在一只被神化了的白鹿身上，而我所信奉的共产主义，却一直坚信依靠全民的艰苦奋斗努力创造来实现。我不在意民间神话传说和作为科学理论的共产主义的不可类比的差别，但有一点却使我顿然豁朗，人对于富裕和和平生活的向往和期待，从先民时期就开始构思了，其实这不过是作为人生存的最基本的要求。然而，原上的先民把这种向往和期待只能寄托在一只被神化了的白鹿身上，供一代一代的人继续向往继续期盼继续咀嚼，从来也没有实现过。重要的历史典籍有提及白鹿原的几笔，《史记》"鸿门宴"写的"沛公军灞上"，据今人考证就是白鹿原的西北角，可以俯瞰西安，晴朗无雾时能远眺咸阳。汉文帝看中这块风水宝地，钦定白鹿原北坡为自己的墓葬地。因为灞河从北坡下流过，文帝陵便被命名为"灞陵"，白鹿原随之又称"灞陵原"，也称"灞上"。到宋仁宗天启年间，大将军狄青在白鹿原西头屯兵操练，准备征剿西夏，这座原又改称为"狄寨原"，一直沿用到现在。地方县志上关于白鹿原的记载颇为精细，却多为兵荒马乱和自然灾害造成的生灵涂炭，几乎是不断重复着的这样那样的无计逃躲的灾难，包括几次大毁灭的人祸和天灾。这座原沉重悲怆到令人不敢翻揭的历史，在我面对它的时候，却基本保持着几乎不动声色的平静心态。不是我冷漠，更不是孤傲，在于我粗识中国漫长的封建历史过程里，白鹿原不过是小到不起眼的又一个

寻找属于自己的句子

>>> 沉重而悲怆的白鹿原,陈忠实面对它时,心情却异常平静。

演绎之地罢了,开明皇帝治下的短暂的太平安宁,更多的却是荒淫帝王执政和改朝换代过程里漫长的难得聊生的灾难。白鹿原不仅不是世外桃源,而是兵家必争的掠夺长安的军事重地。我有这样的意识,不会发生惊诧;更关键的一点,我几乎从一开始就把心思确定在20世纪到来的时段上,原本没有想去细究这座原悠远漫长且沉重的封建历史。

　　1911年在中国发生的辛亥革命,当是20世纪最重大的事件之一,一个绵延了两千余年的封建大帝国到此终结。这场革命在白鹿原上最具影响的事件,不过是限令男人一律剪掉脑袋后面那根猪尾巴式的长辫子,这是中国最后一个封建王朝最具标志性的一种男性发式。尽管这场革命在这座古原上显得太过浮皮潦草,原上人根本弄不清没有了皇帝的日月究竟是祸是福,更搞不清把陕西巡抚换成总督会有什么不同。然而,他们面对的心理剥离却无法逃避,不过是一种集体无意识状态。我由自己1982年早春在渭河边开始的精神和心理剥离,类推到20世纪初辛亥革命之后的白鹿原上的人,以我的体验来理解他们的精神和心灵历程,似乎也是很自然的事。

　　这里还得提及那个《乡约》文本。

　　我不惜工时颇为耐心地翻阅西安周围三个县的一摞摞县志,一次又一次爬上白鹿原,在那些大村小寨的村巷里踏访,记不得哪一天顿然意识到这样一个说来简单的基本事实,这座古原的历史和中国历史一样久远,这个原上的先民经历过中国各个王朝的或长寿或短命或开明或昏庸的皇帝治下的有幸或不幸的日月,这几乎纯粹是一个大白话。然而,无论王朝怎样更迭,无论王朝更迭过程中的战乱和灾难怎样残酷,还有频频发生的自然灾害,有的完全是毁灭性的灾难和灾害,这座原上依然延续繁衍着生命。灾难和灾害过去之后,重新繁衍起来聚而成群的生命,又聚集在氏族的祠堂里背诵《乡约》。这部把儒家文化儒家精神条理化且通俗化了的《乡约》,是为着教化以文盲为主体的乡村人群的,途径是各个村寨以姓氏为体系的宗族,宗族祠堂通常是完成教化的颇为神圣的场所。这部《乡约》是宋代进士吕大临创造的,他是儒家文化关中学派里卓有建树的一位思想家,在朝廷忙着处理国家大事,还不忘教化民众。这部《乡约》普及中国南北各地的乡村,在吕氏的生身故地白鹿原上更被尊奉为金科玉律,成为各个村寨各个宗族教化一代又一代子孙的人生教材。不必追溯太远,即使从吕氏创作《乡约》的宋代算起,到辛亥革命发生的20世纪之初,这《乡约》已经被原上一代一代的子孙诵读了八九百年了。作为原上人文化心理结构柱梁框架的这部《乡约》,当属20世纪初的原上人精神和心理上尊奉着的"本本"。尽管"辛亥革命"的影响波及这座原上不过是浮皮潦草,而作为《乡约》存活的封建帝制却毕竟是寿终正寝了;也许因为无论旧"三民主义"或新"三民主义"在原上几乎没有任何响动,才给《乡约》留下继续传承的空间;封建帝制在辛亥革命的枪炮声中土崩瓦解,而作为原上人文化心理支架的《乡约》却难能这样快捷地解体。尽管如此，原上人对精神心理上的这个"本本"的剥离，必将发生，不过是暂时处于集体无意识状态。

　　原上人的心理剥离确实很缓慢。对《乡约》的精神理念构成颠覆性影响的，无疑只有新的教育内容。就我所能获得的资料，这个分属蓝田、长安、咸宁三县辖管的几十万人的古原，直到辛亥革命发生十几年后的20年代中后期，才先后办起两三所新式小学，只有那些家境宽裕的孩子才能走进校门，接受新式教育，因为路远必须在校食宿，不菲的开销对于普通农家的孩子无疑是可望而不可即的事。原上原下几百个大小村寨里的旧制私塾，依然是那些老学究继续吟诵着不知从哪个朝代沿用下来的识字课本，其内容所蕴涵的理念，与《乡约》一脉相承。尽管如此，新的理念通过新式小学开始传播了，对近千年来一统原上的《乡约》开始发生冲击。尽管接受新式教育的学生与原上的总体人口是一个太小的比例，但毕竟发生了。就在这两三所新式小学里，都有中共党员隐蔽其中，甚至建立支部，秘密发展党员，每有祸国殃民的事件发生，新式学校的老师便领着学生到集镇和村子里去游行，挥舞旗帜，呼喊口号。我看到这些资料时，竟然激动不已，脑子里当即浮现出那几个我很熟悉的集镇和村庄里学生游行的画面，对那些以《乡约》为心理架构的乡民，虽然不可能完成剥离，却总会发生冲击，这个古原终于响起一种新的声音，不再是《乡约》一统原上的格局了。

　　还有一件令我震惊的事，大约是20世纪20年代中期，白鹿

>>> 《乡约》是儒家文化、儒家精神的条理化、通俗化,在灾难和灾害过后,重新繁衍起来聚而成群的生命,又聚集在祠堂里背诵《乡约》。对《乡约》构成颠覆性影响的只有新的教育内容,白鹿原在20世纪中后期才有了新式学校。

陳忠實

原有一位在北京某大学念书的学生回到原上,发展了两个中共党员,在白鹿原腹地小镇的一家粮店里建立了一个中共支部。当时处于国共合作时期,初建时以国民党的名称命名支部,不足一年后去掉国民党的伪饰,公开了中共支部的旗帜。这个资料很简短,关于这个支部后来的发展和活动,几乎未提,那个发展党员并建立支部的年轻人,后来离开了白鹿原。我读到这则资料时真是震惊不已。这个古老封闭的古原,在中国共产党刚刚成立四五年后,便有了三个党员的支部,他们在小镇粮店里举手誓言的时候,无疑是向这个古老的原发出了挑战。我那时候很直接地发生猜想,他们生活的那个时代,比六十多年后的我肯定更了解原上人的生活形态,绝大多数人挣扎在温饱临界线上,百分之八十以上的人是大字不识一个的文盲,却都虔诚地信守着那个《乡约》文本,以及本氏族的规矩。他们三人敢于发出这样的挑战宣言,需要怎样的理想火花和奋斗的勇气……这三个人的声音,无疑是那个时代最激进也最科学的声音,标志着这个古老的原和中国革命基本同步,没有推迟更没有留下空白。

新中国成立以前的近半个世纪里,白鹿原上影响最广泛声浪最响亮的一个革命事件,是地下党策动的农民运动,尤其是在蓝田县辖区内的绝大多数村子,都建立起农民协会,批斗恶行劣迹的地主。这场农民运动的中心在渭南、华县等县,无论范围和参与的人数,在中国北方是最广泛的一个地区。我跟朋友调侃说,可惜这里没有人像毛泽东写《湖南农民运动考察报告》,这样声势浩大的农民运动,后来几乎无人知晓,起码在我查阅历史资料之前,确凿闻所未闻,一无所知。这场农民运动兴起得快也塌火得快,因为国共分裂很快被镇压下去。这是原上发生的一场阶级斗争运动,是穷人斗争富人又被富人镇压了的骤起骤落的运动,尽管斗争的对象不全是族长,也不直接针对《乡约》,然而,在"一切权力归农会"的一年左右时间里,作为族长即使不被斗争,也是大权旁落,失去了往昔在族人群体中的威势,无疑会给以《乡约》为心理构架的乡民留下不同程度的印痕。

我以自己 20 世纪 80 年代初在渭河边发生的剥离的颇深切的体验,进而推及 20 世纪初封建帝制终结之后的白鹿原人的心理历程的时候,有一个基本清醒的判断,我和我这一代人在"解放思想"时代背景里所发生的精神和心理剥离,不过是此前二十多年里被生活证明属于非科学的理论和政策,包括极"左"的东西,能够较快地完成剥离过程;这座沉积了两千多年封建文化封建理念的白鹿原,还有普及儒家思想的《乡约》,也有近千年根深蒂固的影响,况且多是难得以文化开启的文盲,要完成《乡约》文本架构的心理剥离,确实不会是一朝一夕的事。浮皮潦草的辛亥革命和随后持续的军阀混战,给原上人带来的是变本加厉的苛捐杂税和王旗变换的混乱等生存危机;在粮店里由三个中共党员建立的白鹿原第一个共产党支部,虽然发出了改造白鹿原旧秩序的宣言,随之转入地下秘密活动,很难对原上普通人的生活和心理发生影响;规模和声势广泛而巨大的农民运动,当属 20

世纪前近五十年里最激烈也最具影响的革命事件,然而终因太过短促的骤起骤落,对原上人的生活秩序和心理秩序很难发生深层的影响;随后的共产党的革命活动,在原上完全处于秘密的地下状态,不断遭到国民党的追搜破坏,不断地恢复发展,却因为极其隐秘,也很难对原上普通人的生活发生直接影响。这样,白鹿原上以《乡约》构架的文化心理的乡民,虽经历过几次冲击,却很难发生实质性的剥离。

我同时意识到另外几种生活现象。

原上的新式小学尽管发展缓慢,几十年间不过只有三四所高级小学,却应该是对传承了近千年的《乡约》最具颠覆性的因素。这个看法的形成,在我是基于这样的一个基本事实,凡在新式小学接受过教育的学生,几乎无一例外地都走出白鹿原,进入社会的各个领域,没有谁再留恋原上的生活。尤其令我受到启发的是,许多人在新式高级小学接受新的理念的同时,接受了隐蔽着中共党员身份的教师的影响,走出白鹿原就开始了革命活动,应该是心理剥离完成得最彻底的一批人。他们是接受了科学的共产主义理论,剥离了原本尚未形成稳定的《乡约》理念的心理结构。他们无疑是以科学理论主动完成这个心理剥离的一批人。

还有盲目的包括被动的实现了心理剥离的男人和女人。这类男人和女人形形色色的故事存储在民间,久传不衰,有男盗也有女娼,有败家子,也有顽劣到六亲不认的坏典型,等等。我在乡村工作的二十余年里,听到不少这类人的故事,只是听听热闹而已。面对那个《乡约》,我便想到,即使再坚守不移的族长,也难得把所有的族人都训导到对《乡约》忠诚不二的程度。对《乡约》和族规的信守,多种性情和多种利害制约下的族人差别很大,有的出于经济利害和人际关系,不自觉陷入对《乡约》的背叛;有的男人和女人,纯粹出于不可心的婚姻状态里的情感压抑,做出生理本能驱使下的离经叛道。在《乡约》一统天下的原上,这些纯属个人的叛逆行为,从来都没有中止过,大大小小的村子都不乏其人。他们几乎谁也摆脱不了悲剧的最终结局,这是很简单的必然的结局,因为谁作为个人都无力对抗以《乡约》为道德审判的铁律。

我在前文中说到白鹿原人的文化心理结构,而关于心理剥离的个人体验,成为我把握未来小说《白鹿原》里各个人物心理形态和心灵历程的一个途径,不是唯一。各个人物的经济状态,家庭状态,以及文化心理结构,还有个性,自然都受制于他的阶级地位,这是一个基本常识,我没有任何异议,因为这是中国那个时代的真实存在。我无非是透视那个时代的地理上的白鹿原和小说《白鹿原》里的各色人物时,从多重角度探索他们丰富的真实的心灵历程。避免重蹈单一的"剥削压迫,反抗斗争"的老路,而能进入文化心理结构的探寻,剥离无疑是其中一个重要途径。

我后来有一个小小得意的句子,白嘉轩在先后接待了重新

>> > 白嘉轩在儿子孝文重回祠堂后,感到心理异常稳定。

回到原上祠堂的长子白孝文和鹿黑娃之后,备受冲击的心理结构完全稳定,获得更坚实的自信,慨然说,凡是生在白鹿村炕脚地上的任何人,只要是人,迟早都要跪倒到祠堂里头的。他的悲剧在于,恰恰是他叛逆的儿子白孝文重新跪倒在祠堂之后,也发出自己的慨叹,谁走不出这原谁一辈子都没出息。

我在此为自己的这两句人物对话得意一回,意在本文的意旨"原的剥离",冒昧了。

十三　原上的革命

在追寻搜索白鹿原及其周边三县20世纪前半期生活演变和历史演进的业已沉寂的脚步声、同时也在构思小说《白鹿原》的两年时间里，我常常发生惊讶、惊愕、惊奇、惊诧、惊喜等意料不及的心理撞击，还有更强烈的震撼，也有忍不住摇拳吁叹的失控状态。在这种心理遭遇过程中，我几乎不知不觉进入了男人刚剪掉辫子女人还继续缠裹小脚的白鹿原，感受着也体验着这道原上生活的脉动，平缓到死气沉沉的和激烈到你死我活的那五十多年的生活演变的声响。那些引发我心理撞击的人和事，促使我从不自觉到自觉地以多重视角去透视这道沉积太过深厚的原。那些人和事前文已多所涉及，这里只想谈谈原上曾经发生的革命对我的撞击，以及如何实现艺术化表述的思考。在"原的剥离"一章里，已经涉及共产党人在原上的一些革命活动，那

陈忠实

>>> 在酝酿《白鹿原》时,陈忠实的心理常受撞击,还有震撼,也有失控。

是从原上人发生心理剥离的角度,透视革命活动对这种精神和心路历程所可能产生的影响。这里调换一个角度,在我正面面对原上曾经发生的一系列革命的人和事的时候,竟是一种前所未有的新鲜切近的独特感受。是切近。

且不说从小学到中学的政治课和历史课的教师讲述过多少回革命的艰难而又辉煌的历史,在我有阅读能力且有阅读兴趣的几十年里,记不清看过多少有关共产党在中国诞生之后进行革命的文字资料,包括许多先驱和先烈感天撼地的英雄壮举,更不要说小说、电影等多种艺术形式刻画的各个历史阶段的革命者的感人形象了。然而,在我获得白鹿原上和原下曾经发生过的一件又一件革命活动事迹和一个又一个革命者的时候,无一例外地都会引发惊讶和冲动,一次又一次感慨着革命原来离我这么近,就发生在我生活了大半生的这个白鹿原上和原下。在这种心理反应发生的同时,我才意识到此前记忆里的真实的革命和艺术刻画的革命者形象,在我心里有一种遥远的差别。这个遥远的差别,除了业已成为文字和图片展现的历史的时空概念之外,更在心理概念上显示着的遥远,无论建立中共的上海,无论国共合作又分裂的黄埔军校以及八一起义的南昌,无论毛泽东发动声势浩大的农民运动的湖南乡村,无论建立第一个中华苏维埃政权的瑞金,无论气壮山河的长征,以及离我比较近的党中央所在十三年的陕西北部的延安,都在我获知白鹿原上和原下曾经发生过的革命事件的一刻,显示出遥远的差别;同时也意识到,革命离我近到几乎没有地理概念上的任何间隔,就发生在我生活的白鹿原上和原下。

这是一种非常奇妙的感觉。我至今仍然清楚地记着二十二年前初夏的一天上午,我在白鹿原的腹地孟村镇寻找一家粮店的情景。20世纪20年代中期,一个在北京某大学念书的青年接受了马列主义,而且加入了中共,回到白鹿原上便发展了两个党员,在这个小镇的一家粮店里成立了一个中共支部。这是中共在白鹿原上建立的第一个支部,他们三人无疑是这阔大的古原上最早出现的中共党员;而那位在北京念书的年轻人,无疑是在这古原上第一个传播共产主义的人。这是我在蓝田县查阅资料时获得的确凿无疑的史实。我在获得这个史实的那一刻,惊讶得不由噢哟起来。那一刻便发生一个强烈的欲念,一定要到原上去寻找那个神秘的粮店,心里是一种真诚的崇敬和钦佩。我在孟村镇的街道上寻找,一家一家或大或小的门面店铺都不放过,一边辨识一边猜测,哪家店铺有可能是六十年前的粮店,竟然无法确定,问过几位看上去有一大把年纪的老者,也都摇头。我不仅没有失望的情绪,反倒更来兴致了,那些显得陈旧的店铺,都有可能是当年建立中共支部的粮店。我为自己开脱,中共在白鹿原上的第一个支部,就是在这个孟村小镇上诞生的,时在1921年中共于上海成立仅仅四五年之后。我的惊讶里的震撼就发生在这个时间概念上,已往的记忆里,1921年在上海召开的第一次中共代表大会,十二个参会者代表着全国五十多名中共党

寻找属于自己的句子

>>> 陈忠实得知白鹿原上和白鹿原下发生过一件件革命活动,出现过一个个革命者时,都会引发惊讶和冲动,原来离自己这么近,而自己就生活在这原上。话剧《白鹿原》的剧照。

陳志寶

员宣布了中国共产党的成立,仅仅不过四五年,我家后院背靠着的白鹿原上,已经建立起来一个中共支部。就在这一刻,革命和我生活的白鹿原的时间和空间距离顿时消失了。我对这个古老的原,不单是探秘,又滋生起一种庄严的敬畏。

我对那位在孟村小镇粮店里建立中共支部的青年充满着神秘的敬佩。可惜资料提供的信息太少了,这位青年后来再无音信,连他是哪个村子谁家的子弟都无记载。我无法进一步调查了解,却有一种基本的判断,在20世纪20年代的白鹿原上,能进入北京念大学的青年,不单要有很高的智商,关键要有一个起码是殷实的家庭做经济开销的坚实后盾。原上能上得起私塾的孩子都是少数,这个供给孩子到北京念书的家庭,按新中国成立后划成分的条例,肯定属地主家庭无疑。这个富有人家把孩子送到北京求学,可能推想的目的是学习知识增强本领,再进入社会干一番荣耀先祖的大事,做梦也不会想到,这个孩子在北京的大学里接受了刚刚开始在中国传播的马克思主义思想,要在中国搞革命了。他不单接受了马克思主义,回到白鹿原上就付诸最切实的行动,发展党员,建立支部。我便自然想到,他在宣布中共支部成立的那一刻,肯定会想到在原上的革命对象,就包括他父亲那样的财主。

他更要面对的是20世纪20年代贫穷落后以及文盲充斥着的白鹿原。从两千多年的封建帝制下解脱出来的原上乡村,经历了你上我下的军阀混战,到20年代中期,国民政府才开始实施从县到乡镇一级政府的建制,而各个大村小寨仍然是传承着宗族族长的权威;各个姓氏宗族都有自家的法规,原上社会最底层的基础部分,还是按照封建宗法的机制在按部就班地运行。这个在白鹿原上建立第一个中共支部的年轻书记,肯定比我更直接地了解原上的社会形态,敢于在孟村小镇粮店里发出挑战——既是向国民党政权挑战,也是向宗族祠堂挑战,更是向整个白鹿原社会挑战,这需要怎样坚定的信仰,需要怎样强大的气魄,需要怎样无畏的牺牲精神……我的钦佩以至敬畏,概出于此。

还有一位至今难以淡忘的革命者,名叫张景文,是白鹿原上较早投身革命的一位杰出的知识女性。我在获得这个人有限的事迹资料时,几乎是一种捶拳呼叹的失控状态。

在原上原下追寻往昔业已冷寂的生活演变的足迹时,我收获颇丰,常常有意料不及的令人兴奋不已的发现,常常处于一种亢奋和敏感的最佳心态之中。某一天突然意识到,还缺少一个在这道古原上闹革命的真实的女性的事迹,在我查阅的资料中没有发现,在民间传闻中也没有听到一句半句,我感觉到某种巨大的缺失和缺憾。这种心理是我构思这部长篇小说时越来越直接的一种感受,一个正在构思中的类型人物,要有一个真实的生活里的人物为依托,哪怕这个生活人物的事迹基本不用,或无用,但需要他或她的一句话,一句凝结着精神和心理气氛的话,或独秉的一种行为动作,我写这个人物就有把握了,可以由此生

>>> 陈忠实在获取张景文有限的资料时,几乎失控。1932年陕西学生抗日救国会工作人员与记者在一起,右一为张景文。

发开去，依我的意图编织其人生的有幸和不幸的故事了。这也许是我的一种写作感受，即生活人物的凝结着心理气象的话和独秉个性的一种行为动作，总是可以调动我的生活储存，然后就获得刻画小说人物的自信和自由。在我已经开始构思着的小说《白鹿原》里，有多种形态的女性，自然不可或缺至少一个觉醒了的新女性的形象。我还没有获得白鹿原上真实出现过的一位新女性，便感到缺失里的不自信。

正在此时，我这个基本不信运气的人碰到好事了。我收到作家张敏寄来的他主编的刊物《革命英烈》。在这本包装简单的小开本刊物上，我读到了张景文烈士的事迹。她是白鹿原上人，在西安读书加入了中共，因为身份暴露被国民党特务追捕，地下党把她送到刘志丹在南梁开辟的革命根据地，大约一年左右时间，在极"左"路线执行者发起的"清党"运动中她被怀疑为"特务"活埋了，我的捶拳吁叹的失控心态，就在这一刻发生。文章不足一千字，作者是一位同样被怀疑为"潜伏特务"的女战士写的，她和张景文被关押在一孔窑洞里，此前并不熟悉，关押的三两天时间里，才得知张景文是白鹿原上某村子的人。她眼看着张景文被拉出去活埋了。她在等待同样下场的时间里，等到了长征到达陕北的周恩来代表毛泽东发出的"刀下留人"的指令，有幸逃过一命。这位老革命在文中说明，她和张景文是在关押的同一孔窑洞里相识的，所知不多，我曾几次想前去拜访而终于放弃，主要是担心她重提那恐怖的等待活埋的窑洞一幕而不堪承受,毕竟是七老八十的人了,再则是我竟然也有点畏怯那样残酷的事件的冲击。她的回忆文章太简单,连张景文是原上的哪个村子都说不准,我想踏访的欲念也难以实施。我转而一想,留下这些悬念,也给我留下自由想象的开阔空间……我终于找到白鹿原上女性革命者的"这一个"了。

从最初阅读这份简单的回忆文章的震惊里平静下来,一个鲜活的女革命者就横在我心里了。我对她的敬畏和钦佩,甚至超过了那个在孟村小镇粮店建立原上第一个中共支部的青年,唯一的因由在于这是一个女性,一个能从白鹿原走进刘志丹革命根据地的女青年,我能充分感知需要怎样的思想和勇气。尤其是那种消弭了距离空间的切近感,乃至亲近感,这个张景文就区别于我记忆里的真实的和艺术创作中的女革命者了,类似于我得知那个在原上建立第一个中共支部的革命者的独特感觉。这种感觉确实很奇妙,不断地在我的感受里发生。比如刘志丹,这位在陕西人心目中敬仰着也骄傲着的革命先驱"人民英雄"(毛泽东语),当我获知他曾经在 20 世纪 20 年代国共分裂时发动并领导"渭华起义"的重大事件时,我和刘志丹的地理概念上的距离一下子缩短了,原有的印象里,他是在陕北闹革命并建立根据地的先驱,与我生活的关中有某种地理上的距离。尤其是刘志丹被叛徒诱骗,把队伍从根据地照金拉出来陷入敌军早已布置的埋伏圈,造成全军覆没,覆没的地点在离白鹿原东端不远的进入秦岭山区的第一个驿站张家坪。那是一个下着大雨的深

>>> 图为刘志丹故居。

夜,当敌军合围的枪声爆响的时候,刘志丹和几个红军士兵趁黑冲出了埋伏圈。他只身到了灞河源头的灞源小镇,不知怎样打听到这个小镇镇公所的治安员,竟然是他在黄埔军校时的同学。这个南方籍的同学如何流落到秦岭山中的小镇混一碗饭吃已不重要,重要的是他还禀持着昔日同窗的友情和义气,把乔装一番的刘志丹送出秦岭,纵虎归回陕北。刘志丹由此重新开辟革命根据地。张家坪和灞源镇,我曾经在十五六年前去过,那是我领着赤脚医生到秦岭山中采挖中草药的经历。我记得在路过张家坪时吃过一顿午饭,四周的山势地形只还记着一个大致轮廓;我也记着灞源镇在20世纪70年代初的风貌,我曾在采药的间隙里逛过集日。刘志丹在这两个地方的惨痛遭遇,让我顿时化释了和陕北刘志丹的地理距离,那种期待里的切近感和亲近感发生了。

我后来才意识到,这种切近感和亲近感对我写白鹿原发生的革命,可以说是具有决定性的意义。我在未来的小说《白鹿原》里要写的革命,必定是只有在白鹿原上才可能发生的革命,既不同于南方那些红色根据地的革命,也不同于陕北的"闹红";从沉积着两千多年封建文化封建道德的白鹿原上走出的一个又一个男性女性革命者,怎样荡涤威严的氏族祠堂网织的心灵藩篱,反手向这道沉积厚重的原发起挑战,他们除开坚定的信仰这个革命者的共性,属于这道原的个性化禀赋,成为我小说写作的最直接命题。让我获得创作这些革命者形象的自信和激情,却是和那些从我生活着的原上走出的革命者的切近感和亲近感，确凿是始料不及的事，也是我以往小说创作中起码不甚明朗的一种创作感受。

有了这种特殊的创作感受，把我一直潜在的写作革命者形象的不自信到惶惶然的心态基本排除了。我的整个小说创作，主导性的因素是直感体验和直接感受，此前的中、短篇小说，都是我在生活里直接体验和直接感受的表述，至于体验的深浅和表述的优劣是另外的话题，致命在于体验和感受都是经由直接而发生。白鹿原上普通人的生存形态和心理形态，尽管有1949年的时代划界，却不是一声"解放"就会改换一新的，我从少年再到青年的生活印象和感受，都奠基着我面对这道原在封建帝制瓦解再到新中国成立的生活演变的直接感受和直接体验。唯有白鹿原上曾经发生的革命，因为我的年龄注定了我的陌生；革命到1949年彻底完成，晚来一步的我无法进入直接体验；包括对中国革命的理解，也只能从书籍和影视画面里获得，缺失的又是无法补救的直接体验和直接感受，成为我创作《白鹿原》里革命者形象时的底虚和隔膜。当我对原上的革命者发生的切近感和亲近感越来越浓的时候，隔膜首先消失了，自信心涨溢起来了。

这种切近感和亲近感，直接决定着我要写的未来小说里的革命者的底色，即白鹿原的底色。或者说，只有从这道古老的原上走出的革命者的独有的气质，尽管他们信奉的主义和对信仰的坚贞，与中国南方北方的革命者没有区别，未来小说《白鹿原》

里的革命者的"这一个"和"那一个",起码要让读者能较为明显地感觉到,这是从白鹿原这道古原上走出来的"这一个"和"那一个"革命者,起码不致混同或相似湖南、江西那些革命老区的革命者。在构思基本完成再到写作的整个过程中,不断丰富着的小说《白鹿原》里的几个革命者形象,盘旋在脑海里,活跃在心中,过去记忆里的革命英雄——真实的英雄和艺术创造里的英雄——全都隐没了。我有一种骄傲,更有一种激情,我将要把我生活着的白鹿原上的革命者推到读者面前。他们是先驱。他们对信仰的坚贞不渝,他们义无反顾的牺牲精神,是这道古原的骄傲。还有,他们几乎无人知晓,遗忘得太快,也太久了。

还有一点纯粹写作的特殊感受,也是后来才意识到的,就是我所写的几位革命者,竟然没有一丁点缺点,除开我对他们的钦敬之外,主导因素还是那种切近感和亲近感的支配。不写他们的缺点,不仅不意味着要塑造"高大全"式的英雄形象,反倒是清醒而且严格地把握着一点,我要塑造生活化的革命者形象。我的革命者的生活化意念,就是要把我从白鹿原上真实的革命者所感知到的那种切近感和亲切感,再通过小说《白鹿原》里的革命者形象,传递到读者阅读的直接感觉里……话说到此必须打住,再说就有阐释人物之嫌了,这是我的忌讳。

这里我想说一下小说《白鹿原》里的革命者白灵,却基本与人物塑造不相干。这个被极"左"路线执行者当做潜伏特务活埋的情节,在作品面世后,似乎被人特别诟病过。白灵的这个悲剧

陈忠实

>>> 陈忠实说,《白鹿原》中的革命者白灵,基本与人物塑造不相干。

情节,取自本文前述的张景文烈士的真实事件。自然,生活真实未必一定会造成艺术真实的效果,艺术真实的感染力,也不一定非得以生活真实发生为依托,这是常识。这里涉及的显然不是生活真实和艺术真实的关系,而是如白灵被极"左"路线执行者活埋错杀的情节,能不能写并非写作技巧范围的事。这是不得不涉及革命烈士张景文和小说人物白灵的关系。那篇简约到不足千字的回忆张景文烈士的文章,确凿使我获得了塑造一个女革命者的激情和自信,尤其是文中的两个细节:一是张景文在西安民乐园扒地砖抛向训导学生"用心读书,勿问抗日"的国民党要员,这个抛砖头的细节让我把握住了一位白鹿原女性的独秉气质和个性;二是她被关押在窑洞里等待活埋的情节,令我心寒又心颤,我从未如此真切地感知到一个激情如火又纯洁如玉的女革命者此刻的激情,她是白鹿原上的女儿。此前许多年我也知晓,开辟陕北革命根据地的领袖刘志丹,曾经被极"左"路线执行者关押起来,是长征到达陕北的毛泽东闻讯及时喊出"刀下留人",救了刘志丹这位革命者一命,也终结了极"左"路线的蔓延。这样严重的从内部扼杀革命的极"左"路线,不容许文艺创作涉及吗?我的小说没有正面涉及极"左"路线的破坏,也就不涉及如刘志丹这样的革命领袖人物,仅仅只涉及一个小战士白灵,竟然不能容忍,显然不是人物塑造的艺术范围的事了,而是如何面对革命历史上的极"左"路线。我一时无解。

此后不过三四年,我看到身为延安市领导又兼着作家的忽培元的长篇纪实文学《群山》,其中正面写到极"左"路线把持陕北革命根据地的残酷性破坏,书中有一个情节,已经是根据地中坚力量的马文瑞等九位中层骨干,被关押在窑洞里,眼盯着窑窗外不远处正在挖着九个土坑……我读到这里时闭上了眼睛,我无法猜想马文瑞等九人看着正在挖掘的活埋他们的土坑时,将是怎样一种心情?随之又想到身为国家领导人的马文瑞,现在看到《群山》文本里的情景,又会是怎样的心情?我接着想到小说《白鹿原》里的白灵和地理的白鹿原上的张景文,无论前者或后者,都会感到欣慰的,不单是她和她得以平反,重要的是这样的文本警示后人,再不可重复这样内部自残的蠢事。至于写了白灵的我,便有一种不必说话的基本心理。

  又过了十余年,2005年纪念红军长征七十周年,我随中国作协"重走长征路"的一批作家来到江西,先上井冈山,再到瑞金第一个成立中华苏维埃的会场旧址,感动和感慨且不赘述。我于一日下午到了瑞金城外的一座小山上,这里仍然保存着的七十多年前一座房子,是一个和尚住持的僧房。毛泽东曾被隔离软禁在这座孤零零的和尚庙里。创立中华苏维埃并任主席的毛泽东,已经被极"左"路线的执行者架空且隔离了。据说毛泽东每天在房里读书,也在屋后的一棵大树下闲坐。我在这个如今作为展览场所的和尚庙里转悠的时候,又想到陕北革命根据地里被关押的刘志丹,等待活埋的马文瑞们,已经被活埋的原上女革命者张景文,还有小说里被活埋的白灵。

寻找属于自己的句子

>>> 陈忠实"重走长征路",感受到很多。

第二天,我和作家们走到于都河边,这是红军被迫长征的出发地。稍有革命历史常识的人都了解,是什么原因破坏了革命根据地,迫使红军不得不放弃瑞金,涉过于都河的红军后来遭遇了怎样的损失……我在于都河边看着涨起的浑浊的河水,想到毛泽东,也想到正遭遇灾难的刘志丹、马文瑞,还有张景文和白灵。我忽然想到,且不评论小说里白灵这个形象的东长西短,持异议和责难的人该当到瑞金来走一趟,面对山上隔离毛泽东的和尚庙和平静流淌的于都河,大约就不会计较白灵被活埋的情节了。

还有一个情节后来引发的议论,是我当初构思和写作时完全没有意料得到的,这就是白灵爱情选择过程中"先兆海后兆鹏"的情节,似乎有议论指斥鹿兆鹏夺走了弟弟鹿兆海的恋人白灵,有不大光明的品德污斑。在我的关于对这三个年轻人的理解把握里,他们先后走出白鹿原进入西安读书的同时,都接受了新的革命思想的影响,开始投身革命。那时候的中国的社会大背景是"国共合作",初涉革命的兆海和白灵尚无稍深一些的理解,才能做出抛铜钱选择加入国民党或共产党的轻松举动。而当"国共分裂"成为敌对势力的时候,这一对恋人就面对着无可逃避的再选择;这次选择应该是他和她独立的选择了,远非抛铜钱那次游戏式的轻松了。小说写到两人重新选择时有一场激烈的辩争,是各自对"国"和"共"的截然对立的观点,这就从根本上形成了不可调和的隔障,可以说是敌对。那个时代里的这样两个政治意识很强的恋人,个人情感很难淡漠政治歧见,必然导致决裂。如果他们对"国共分裂"的看法一致,甚至有一方不问政治只读书,那就是另外的结局了。鹿兆鹏是坚定的共产党人,和白灵志同道合,又有假扮夫妻开展地下斗争的特殊空间,结合就是很自然的事了。让兆鹏和白灵以假夫妻相处的决定,是地下党做出的,不是兆鹏假公济私的小小阴谋。白灵之所以扮假成真和兆鹏结合,既是她的选择,也是作者我以为合理而又完美的结合。在他们结合的第一夜,我没有写他们的情,也没有写性,而是到新的一天的太阳升起之后,让白灵回味新婚之夜的幸福感受。我以朦胧的和象征的文字,写了白灵的诗样的美的感受,无疑也是我对新的最理想的婚姻的抒写。这种描写和叙述,是否切合人物的真实情感,尽可以严厉审视乃至挑剔,我都会认真听取,再审视自己。而关于鹿兆鹏以小阴谋夺弟妻的议论,我颇为兆鹏抱屈,今天借此替他申辩表白,也是作为作者的我的责任,更是我那种切近感和亲近感催生的举措。

十四　原下,自在的去处

在破旧的厦屋和后来建成的新房的写作间里,无论是写中、短篇小说和随后写作长篇小说《白鹿原》,无论是再三掂量昆德拉《生命中不能承受之轻》到底是轻还是重,抑或是反复审视中国民间是否存在人和甲虫互变的魔幻现实主义的生活基础,自然不可或缺如雨后春笋又只能"各领风骚一半年"的中国文坛的迭出新潮,突然会有一位乡党走进来,眉眼里洋溢着不加掩饰的喜悦,以不容置疑的和不许推辞的口气说,明日给咱那个大货(大儿子)办事哩,今黑(晚)请执事(帮忙的乡党),你今黑(晚)就得去。我不仅不会说半个"不"字,而且表示踊跃,他又补充一句,你还干你那一摊子事。说完又忙着邀请别的执事去了。我的正在写作中的人物,或者是正在阅读的昆德拉的人物,以及更遥远的马孔多镇上的男女老少,顷刻间统统消失了。我当即要

寻找属于自己的句子

>>> 陈忠实写作的时候,应接不暇的是乡亲们的事情,他倒也是乐此不疲。

做的最切实的事,给一家为儿子娶媳妇的乡党去做帮忙的执事,承担账房里"那一摊子事"的账房先生。

我这个"账房先生"的主要业务,先一天下午就是写好对联,并贴好,一般需给大门、正屋和新房贴上三副对联,内容有区别,大门对联是向全村的人宣示这家的某个小子(大货、二货或三货)结婚的喜事,正屋的对联应是农家院主人胸怀和姿态的表白,新房对联纯粹就是指向两个新人未来美满婚姻的祝福了。再是协助总管(一般是书记和村长)安排好执事分工,挑水的、洗菜的、端饭的、烧酒的、洗碗的等等活路,都要落实到人,再由我写到红纸上贴到院子最显眼的墙壁上,哪一个环节出现漏洞,就可以找到具体的人。账房先生真正进入角色,实际上是从先一天晚上就显示出来,接二连三会有乡党好友送礼祝贺,或一段布料或一床被面或不等数量的现金,我要一一登记,再用红纸书写了张贴到主屋正面墙上,这事要持续到深夜再无送礼者上门。最忙活的时段是结婚日的上午,东西南北各路亲戚来参加婚礼,既有传统的各色花馍,又有绸缎被面和布料,偶尔还有西安城里时髦新潮起来的亲朋好友送来的花篮,等等。我同样一件一件登记,再用红纸写了贴在墙上,不敢马虎。最复杂的事,是烟酒糖果的支配,尽管烟算不得高档,却是可以尽情随意抽的供给制,不抽白不抽,平素不抽烟的那些人,也在嘴角叼上一支,更有某些调皮的小伙子,随意虚设一个借口向我讨要几盒烟,转过身便装进自家腰包据为己有。如不恰当控制,主人交给我的这些消费品就可能支应不到终场，尤其是那些家境不太宽裕的人家，交给我的消费品本来就有点紧紧巴巴，稍微计划不周或手松一点就会断档，我在计划性和灵活性的掌握上颇费思量，即使明知某个小伙在撒谎讨烟讨糖果，也不忍心看着笑嘻嘻的眉眼在谎话落空时转换为尴尬，得想法应对。

相对结婚的红事而言，埋葬老人的白事更为复杂。从逝者咽气倒头直到下葬完毕，最短需要三天，更为隆重一些的丧事要持续五天或七天。我同样是干"那一摊子事"的账房先生，写对联颇需动一番心思，把这个老人一生的功绩和性情概括归纳到一副对联里，用白纸写了，张贴到大门门楼两边的门柱上，往往能赢得乡村那些识字的人的赞赏，甚至说逝者能得到我的对联的彰显，死了也能合上眼了。我在获悉这种反应的时候，跟某一篇小说受到好评的感觉是无甚差异的。甚至不止一回发生这样的事，一位老头走进我的账房，接过我递给他的一支烟，便说这副对联写得如何好，随之半认真半玩笑地说，到爷（或叔）闭眼的时候，你给爷（或叔）也写上一幅，爷（或叔）一辈子受的苦就算没白受。我在那种情景下往往被感动，即使一个最普通的农民老人，也需要在告别这个世界时获得一种客观的评价，他终生的努力终生的奋斗，以及恪守的道德人格，也需要以对联这种最简约的形式做集中概括，用白纸黑字展示给这个村庄的男女，似乎就可以安寝地下了……相对红事而言，白事往往容易发生纠葛，多是在老人丧失劳动能力需要赡养的年月里，因为付出的不均，兄弟姊妹间隐藏着的积怨，往往就在老人去世时爆发出来，甚至发生打骂冲突。我这个账房先生还得参与调解矛盾，以便逝者能如期入土为安。

我这个账房先生的角色，还延伸到乡党建房的喜事中。20世纪80年代中期到90年代初，是我们那个六七十户人家的小村子建新房最红火的年份，一幢幢红砖红瓦的传统的砖木结构的三间宽房大屋，或是刚兴起的红砖立墙水泥板盖顶的新式平房，在拆掉老房厦屋的宅基上或新辟的庄基地上格外惹人眼目。谁先富起来谁一时尚未富起来，从村子西头走到东头瞭一瞭作为家庭招牌的房子，便一目了然了。在破土动工和上大梁（或吊装水泥楼板）的两个重要日子，对于主家来说更具有盛大庆祝的意义。他们同样以不容推辞的口吻邀我，仍是那句老话，你给咱把"那一摊子事"管着。每逢这种作为农民家庭的大事喜事来到时，常常无需他们邀请，我自告奋勇就参与其中了；我建房的时候，满村的乡党几乎全部都来帮忙了；我不仅做着"管那一摊子事"的账房先生，活路紧张人手短缺的当儿还会抬木头搬砖瓦。

我追述账房先生这个角色的生活细节时，颇多犹豫，为乡民的红事白事和建房的喜事做账房先生，似乎与写作本身并不相干，我却抑制不了对那段生活的情感牵连，甚至有一种不可复还的遗憾。最后确定留一点这个特殊角色的生活细节，不仅供自己烦闷时做诗性回嚼，也留下十年乡村写作时的原本生活形态之一斑。

>> > 陈忠实白鹿原老家也曾是建新房最红火的。这是他的老屋。

陈忠实

    我回到祖居老屋三年的1985年春天，陕西作协老领导为主席团增补了几个年轻作家为副主席，我有幸算一个，行政级别属甚为惹眼的副厅级，工资差不多翻了一番达到一百五十多元。这一年夏天，陕西作协发扬作家挂职深入生活的优良传统，一批新时期出现的青年作家到农村和工厂去了，我被任命为中共灞桥区委副书记。我又回到老家的辖区挂职，原想多参加一些区上的工作，感受正处于农村变革最活跃时期的生活脉动，不料到这年秋末冬初发生了《白》的创作意向，我便调整自己的安排，着重《白》的先期准备，也不想完全放弃对现实生活变化的关注，我向区委书记坦然说明，每周一参加区委常委会，了解区委的工作计划和大事；每逢三级干部大会，无疑是了解农村发展动态和问题的最好机会，我可以到各个小组直接听取种种发言；区上的重大活动，我也争取参加；日常事务我不参与，腾出时间做我写作的事。然而，在我的乡党眼里，你当什么副主席副书记似乎和他关系不大，只要能在他家遇到红事白事和建新房的喜事时，给他当好管"那一摊子事"的账房先生就很满意了。他们也不关心作家是干啥事的，约略知道那是耍笔杆子就能挣钱的省力的好事。偶尔也有应急的事找我，酒酿好了猪养肥了要给儿子结婚，不料领不来结婚证，要我去给乡政府领导说情；或是女方家里又提出不能接受的物质要求而陷入僵局，要我去给女方家长做调节工作……我似乎比较自然地适应生活赋予我的几种反差颇大的角色：回到作家协会参加作品研讨会，和作家朋友交流创作体会，尤其是刚刚潮起的某个新的艺术流派,更有新鲜感;参加甚为庄严的区委常委会,常常被急于要改变本区落后现状的领导们的发言所感动;在祖居的破旧的老屋里与刚刚装备一新的书房里,或者读中国的新潮小说和从欧美刚刚引进的新的小说流派,或者写我的中短篇小说和后来的长篇小说《白》;在某个乡党需要我当账房先生的时候,我尽职尽责地管好"那一摊子事"。以上这些社会角色所花费的时间,除了每周一次的区委常委会之外,一年也不过十来二十回,并不构成某种负担。到1988年我要草拟长篇小说《白》的时候,便终止了在灞桥区委的挂职。其他的文学活动和账房先生的角色,依然继续。我的心境踏实而且单一,只集中在写作上,几乎再没什么欲望,尤其是在《白》的构思完成开始草拟以后,我对这个世界几乎再无任何个人欲望了。

这是我写作生涯中最好的十年。

一夜大雪,漫天皆白。我起床后顾不得洗脸,先掂起长柄竹条扫帚扫雪,先扫院子,再扫大门外的道路,听到的第一句话是邻居扫雪的人不由自主地赞赏好雪,于麦子的生长太好了。然后回到小书房,捅开火炉烧开水,洗罢脸再喝一口新沏的热茶,面对窗外白鹿原北坡上覆盖的耀眼的白雪,激情便潮溢起来,铺开稿纸。春天的某个早晨打开窗户,院里那株梨树的花儿开了,我便跑到树下,点一支烟,久久不忍离去,这是我栽的梨树苗第一次开花,不过十来串,粉白娇丽,点缀在枝杈绿叶之间,无疑是世界上最让我动心的花朵了。之后,眼看着一个个弹球大的小

陈忠实

>>> 陈忠实写作时期最好的十年。一夜大雪,漫天洁白。他顾不上洗脸,先去扫雪。

梨一天天长大,直到拳头大的青梨变成黄色,成为每天必赏的风景。三伏酷暑是一年里最难熬的季节,趁着前半天凉快抓紧写作,午后便无法捉笔了,我给桌下放一盆凉水泡脚降温,无奈手心手背手腕上渗出的汗水弄湿稿纸,无法写字,便只好等待明天早晨,能保证半天的写作时间尚可告慰。这种酷暑季节也有好处去,每当傍晚日落时分,我到门前的灞河里洗个痛快,再走上村庄背后的白鹿原北坡,择一处迎风地坎坐下,点一支烟,不时有下坡的微风拂过,整个坡地里此起彼伏着蚂蚱的歌唱,偶尔会有狐狸一两声不大好听的叫声,偶尔还会看到一团鬼火忽起忽落飘移不定,沉浸在野风和天籁之音中。

有一件事至今难忘,1989年清明前后开始写《白》的正式稿,竟是超乎预料的顺手,交上8月的不过四个月时间,已经写成前十一章约十五六万字。如不遇意外照此速度写下去,原先预计的两年时间肯定提前完成正式稿写作,8月头上,同乡青年作家峻里到我家来,邀我到他家避暑写作,他家有冬暖夏凉的窑洞。我感觉暑热的程度尚可忍受,起码前半天可以摊开稿纸,尤其担心换一个陌生环境,如果一时难以适应,进入不了写作状态反而不好,便谢绝了。不料几天之后,持续的干旱造成的酷热已不分早晚,屋子里像个大烤炉,晚上睡在大门外的露天场地上仍然汗流不止难以入睡。我陷入在《白》的写作激情里难以断止,又恰恰遇到结构安排的第一道障碍,便发生烦躁不安坐卧不宁的糟到不能再糟的情绪里。我想到峻里家的窑洞,当即夹着提包渡过灞河,乘远郊公共汽车到一个路口下来开始爬坡,一路询问找到峻里位于骊山南麓通常称做北岭上的村子,浑身衣服早已被汗水湿透。因为没有电话设置,无法事先打招呼,我推开那扇土打围墙上的木门喊了一声峻里。他从窑里出来看见了我,便大呼大叫着把我领进一孔窑洞,清凉之气让我有一种天堂般的享受。

这座农家小院位于一道高高的黄土崖下,依崖凿成两孔大窑洞,不知住过多少代人了,峻里一家三口住在西边窑里,东边那孔窑洞长期空着闲着,便是我的住处。许多天以来,我睡了一个最舒服的午觉,又是一种天堂享受的感觉。不料这天晚上却发生了意外,肆无忌惮地奔跑厮咬的老鼠,仍然干扰不了我积攒太多的瞌睡,直至疯狂到从我的脸上跑过的时候才被惊醒,之后便睡意全消了。我自幼年不仅厌恶而且恐惧老鼠,几乎每回看到老鼠便会作呕反胃,是一种生理性弱项。峻里第二天从友人家借来不过巴掌长的一只小猫,我担心它会被癫狂的老鼠咬死,不料它当晚就咬死了两只老鼠,从此这孔窑洞就再也看不到老鼠的踪影了……得了这孔土窑洞里天堂般的凉爽和清静,我很快便进入了《白》的情境之中,大约不过一周,写成了第十二章。这一章是我写正式稿开始以后遇到的第一道障碍,是对草拟稿在此处的结构感觉不顺,曾一筹莫展多日情绪烦躁,竟然在这窑洞里甚为轻松的化解了跨越了。事有凑巧,在我完成这一章的写作快意里,收到当地公社(乡)通讯员送来的一纸电话记录,作家协会通知我回去开会,特别强调不许请假。我当晚回到原下溽热难熬的家中,第二天起大早赶远郊公共汽车回到作协开会,是这年6月发生的"政治风波"的内容。从这天起,这个内容的会一周至少有四次,持续到年终,我竟没有时间再上北岭从那孔窑洞拿回我的手稿,由峻里给我送回来。从8月下旬到12月底,我几乎天天骑自行车赶到远郊公交车站,乘车进城开会,晚上又原路返回原下老屋,四个月里再没有揭开《白》的草拟稿的大开笔记本。从酷暑三伏直到数九寒冬,白嘉轩鹿子霖朱先生田小娥不知逃遁到哪里去了。掐指一算,离过年还有一个多月,我点燃了小书房里的火炉,也打开了草拟本《白》,把已写成的前十二章正式稿重新温习一遍,唤回逃遁的白嘉轩田小娥们,重新进入我营造着的《白》的村巷,又铺开稿纸了。从新年佳节的气氛里摆脱出来,继续写作很顺利。原上原下的美丽无比的春天似乎太短暂,眼见着麦苗绿了高了拔节了吐穗扬花了,我一章一章写着。"小麦覆垄黄"了,又是酷暑将至,容不得我考虑要不要再上北岭再进那孔天堂般的窑洞,历时四五个月的"整党"工作又开始了。我完全重复着前一年下半年的生活,早上赶车进城开会,晚上回到原下家中,《白》的写作又中断了,直到年终。我同样重复前一年这个时节的程序,重新打开《白》的草拟本,把逃遁许久的白嘉轩再次邀集回来,和他们对话……中断了两个半年的写作,不仅不可能比原计划提前完成,倒是推后了整整一年。我后来才意识到这件事的另一面好处,我反而不着急了,以死心塌地不用着急的心态,进入后少半部的写作。我想,早半年晚半年甚或早一年晚一年写完都不标示什么实质性的意义,倒是有利于把业已体验和意识到的东西充分展现出来,不留遗憾,还有了可能再审视的更从容的时空和心态。

除了诸如账房先生这种临时角色,平常写作之后的业余生活,也是丰富而且完全适宜我的习性。三伏天躺在清澈见底的灞河里,看满天星斗和浮上原顶的一弯新月,我不会向往任何极尽豪华的浴池了;坐在月光下迎风处的一方坡坎上,此起彼伏的蚂蚱叫声,是天籁之音的交响;眼看着河岸上柳树枝头的芽苞绽出嫩黄,再到嫩绿再到随风飘散的柳絮,原坡和河川日渐蓬勃的麦苗,从枯枝败叶里冒出的各色杂草的嫩绿,我每天都感受着大自然生命运动的活力;大雪覆盖河川和原坡的早晨,一夜间把寒冬季节里这方北方原野的枯燥和丑陋装饰出素洁里的柔媚。我曾劝走送我回家的司机,踏着灞河长堤的净雪走过三四公里回家,这样的好雪不是每年都能踏上一脚的;野草萎枯树叶飘落的秋末冬初,心头刚刚泛出几分冷寂,很快又被出土现行的麦苗的嫩绿激活了。每天写作之余的傍晚,我把自己融入四时变幻着色彩也变换着情调的原坡和河川,已经成为心理乃至生理的不可或缺的需要了。

我的娱乐也很丰富。破费买了一台电视机,看了不足一月,设在原顶上的一家转播台撤掉了,我家的位置正好在电视信号被白鹿原遮蔽的阴影处,只能收听声音不出图像,电视机只能当

>>> 陈忠实中断了两个半年的写作,这时他也不着急了,与乡亲们一起同乐。

做收音机用。我便再破费买录放机,再买或借一些秦腔录像带,过去没机缘看到的经典剧目和著名演员的演出,可以尽情尽兴地欣赏和享受了。每当这种时候,村子里的男女乡党便拥满屋子,有时需得把电视机搬到院子里,才能容纳得下蜂拥的乡党观众。我对秦腔音乐的着迷已难以中断,往往等不得晚上放录像带,又购买了更为简便的收录机,写作中途需要歇息时,我便端一杯茶点一支烟坐到前院,听一段两段那些百听不厌的堪称经典的名角演唱的唱段。久而久之,一墙之隔的小卖部里的那位近门婆婆也听得上了瘾,若是某一天我写得兴起推迟或忘记打开收录机,她便隔墙叫我的名字,说她听戏的瘾犯了……有一位评论家在谈及《白》的语言时,说他在文字里能读出秦腔的旋律和节奏。我不知此话是否当真,如果真有这样的效果,却是我当年听秦腔时完全没有料想得到的意外补益。

我的另一个娱乐项目是看足球比赛,尤其是亚洲杯赛和世界杯预选赛亚洲区涉及中国足球队的比赛,我是一场也不能放过的。因为电视信号受阻,我得赶到七八里外的亲戚或熟人朋友家去看转播,有的比赛场次安排得很晚,到夜里一两点钟看完,又骑着自行车赶回家去,在所过的村子惹起一片狗叫声。如若中国队获得胜利,回到家依然抑制不住兴奋;如若中国队又输了,那种忧愤更难以平息。无论赢了输了,都影响到睡眠,赢了兴奋得睡不着,输了又憋气得睡不着,自然会影响第二天的写作。相对而言,赢球毕竟是快活事,第二天迟起半天也就恢复过

寻找属于自己的句子

>>> 这时陈忠实的重要娱乐项目是看足球比赛。有时为看比赛要走很远的路,有时为比赛输赢又会睡不着觉。

来,遇到输球尤其是决定出线的生死之战的输球,给我的心理挫伤往往造成两天三天都无法进入写作。好在这种赛事不是年年都有,隔一年两年经历一番小喜大悲的心理折磨,倒不至于影响整体写作。

在我更通常也更实用的娱乐是下棋。这种娱乐方式到后来就不单是娱乐了,而是成为自觉地寻求解脱的最实用最有效的途径了。事出有因,大约从田小娥被公公鹿三用梭镖从背后捅死开始,我的写作发生了前所未有的现象,每天停止写作之后,白嘉轩鹿子霖或其他人物,仍然盘踞在我意识里继续做他们的事说他们的话。往常到河边或山坡上散步,他们也就淡出了隐去了;现在却不灵了,不仅不肯淡出隐去,反而影响我散步观景的情绪;他们盘踞在我的意识之中挥之不去打发不走,脑子清爽不下来也就难得休整,直接影响到第二天的写作。我无意间发现下棋是驱赶他们最有效的手段,车马炮一旦进入交战厮杀,《白鹿原》上的男人或女人的这事那事全部都摆脱了。我有几位棋友,本村和邻村都有,常常下棋到深夜,回家便进入梦乡,待睡过一个好觉醒来,心清目爽,重新摊开稿纸,把白嘉轩们再召唤回来。还找到一种摆脱作品人物的途径,便是喝酒,喝得飘飘忽忽,便解脱了。很快就形成一种生活规律,傍晚停止写作后,以下棋等手段把盘踞意识里的作品人物挥斥驱赶出去,第二天早晨起来喝茶铺纸,满心真诚地再把他们聚拢到我的小书屋里……遗憾的是,我的棋艺没有多大进步,从不沾酒的我却落下了酒瘾。

　　这种沉静专注的写作情态基本稳定地持续着。直到《白》写作的最后一年也是关键性的1991年,却连续发生两件意料不及的事,或短或较长时间打破了这种沉静的写作状态。1991年春节过完,我应邀参加的第一场文学活动,是陕西人民出版社有关文艺书籍出版计划的座谈会。我从乡下赶到出版社会场的时候,已经进入自由表述意见的议程。我一眼看到路遥的旁边有一把空着的椅子,便坐下了。路遥正在发言,我和他不约而同地都点一下头,算是互打招呼,以免中断他的发言。待我点燃一支烟听路遥说话,不料坐在路遥另一边的李星歪侧过身子,从路遥背后拽我的胳膊。我当即同样歪侧过身子,在路遥背后把右脸右耳递上前去。李星说,路遥获得"茅盾文学奖"了,你知道不知道?我说不知道,待路遥发言完毕我要表示祝贺。李星又说,是今天早晨新闻广播公布的消息,说罢他又端正坐好了。我平时也有早晨听中央新闻广播的习惯,今天因为要进城开会,起床后匆忙洗把脸就推上自行车出门了,来不及打开收音机,竟然漏掉了这么重要的喜讯。我刚刚抽了几口烟,李星又把身子歪侧到路遥背后,我意识到他还要告诉我什么消息,也歪侧身体把右脸右耳递给他。我无论如何也料想不到,李星压低嗓音却一字一板甚至发着狠说,你今年要是还把长篇(小说)写不完,就从这楼上跳下去。说罢,他坐直了身子。

　　我后来如何向路遥表示祝贺,以及我在出版计划会上说了

>>> 陈忠实在一次会议上,得知路遥获"茅盾文学奖"。这是他在路遥文学馆开馆仪式上。

什么意见,统统忘记了,唯有李星逼我跳楼的话一字不差地铸成永久的记忆,包括他说话的姿势说话的神色说话的语气,都是一遍成记。这句话出他的口入我的耳,便响在我的耳畔也敲在心里,许多天都不能消隐。我首先感到一种同代人的至诚的关注和关心,诚挚到恨铁不成钢的急切心态。我回到原下小院,耳际依然回响着逼我跳楼的话,自然联系到我正在写作的《白》,尤其是我持续了几年的写作状态,是不是太过沉稳了,要不要或者说能不能加快写作速度。朋友李星的着急情绪,有一定的普遍性基础,尽管我的长篇小说写作处于不张扬的隐蔽状态,但文学圈里的朋友或迟或早也都知道了。几年里只有几个短篇小说发表,猜也猜得到我在写长篇小说,而持续几年不见作品出手,李星的话当是普遍的个性化语言了。我大约停止了两天或三天写作,再三斟酌再三审视我的写作情状,终于平静下来,继续按已经形成的习惯和节奏写《白》,早起喝茶,把白嘉轩和他宗族里的人呼唤回来,晚上还是利用喝酒或下棋的途径,把他们从意识里挥斥赶走——何必跳楼。

　　李星这句震人的话造成的冲击为时很短。不久,到春天时又发生一件打破写作心态更厉害的事。在一次范围很小的作家朋友聚餐的场合,我听到一则涉及我的小道消息,上级领导要把我调动到省文联去做党组书记。我根本不相信,也就不在意。我清楚这种传闻产生的背景,是上级领导已着手省文联和省作协的换届工作,新一届的人事安排自然成为热点话题,多种猜测多种传闻,可信度很难判断。传闻要调我到文联当党组书记的事,在我看来连百分之一的可信度都不存在,聚餐完毕回到原下继续写作我的《白》稿,不久就忘记这小道消息了。大约一个月之后,我从正式渠道获得让我去省文联做党组书记的真实信息,当即毫不含糊地表明态度,我不适宜去文联做党组书记。我不是形式上的谦虚,也姑且不论我是否具备做好这个角色的能力,而是早已确定后半生以写作为主业了。我当即陷入焦虑甚至可以说是慌惶状态,却没有任何改易的游移不定。我从作协回到原下小院的路上,采取的措施已经确定,给省委宣传部部长王巨才写信申述我不愿调离作家协会去文联任职的理由。我骑自行车跑了八华里路到邮局把信发走,却发现此事不仅不能了结,反倒是把心悬吊起来了,王部长会不会认可我的理由,万一不认可,下一纸任命调令怎么办……我的心很难集中到《白鹿原》上。我几乎天天都在等待宣传部的回应,回信表明态度或者找我面谈,却一直未有任何反应。眼看又过一个月,我的预感越来越紧张,便决定第二次写信申述,除了前信申述的理由再做概括性重复,这回着重申明两点,我不愿意调离作协,组织部门如果下任命书调我,我不遵从,不仅我被动,于领导也不大好。我已把话说透,如果不开除党籍,我是不会调离作家协会的。再一点还是表明我的态度,我猜想作协和文联换届的焦点是人事安排,需要安排的人多而职位有限,恰如所谓僧多粥少的矛盾,早已是明摆着的多所议论的话题。我便直言不讳地表白,如果作家协会人事不好安排,我心甘情愿放弃现任的副主席职位,只要能保留专业创作这个职业就心满意足了。这封信我还是写给王巨才部长,又添了分管文艺的一位副部长郤尚贤,署了两位领导的名字。信发出后近两个月,已经从春天进入伏天,仍然没有任何反应,但也没有调我去文联的任命书下达,我仍然惴惴不安。事情的最终了结,是伏天在丈八沟宾馆,我参加省委会散会后走出门来,听见有人叫我,回头一看是我两次写信的王巨才部长。我们在一株大松树的荫凉下驻足。他说我写给他的两封信都收到了。他告诉我,收到第一封信后,他以为我怕耽误写作,便决定派一个能力很强的副书记主持日常工作,让我只参与大事的决策就行了,可以不坐班。他说接到我写的第二封信看过,也让另一位分管文艺的副手看了,他们都很感动,有些人托门子找关系想挂一官半职,给你个正厅级你却不要……他很真诚地说,那你就原样不动,倒是觉得亏了你。我不单悬空的心落到实处,更为这位领导的实心体贴感动了,便握着他的手表示无以言表的感激。在他就任宣传部长后,这是第二或第三次单独接触,与他并无私交。

　　从丈八沟回到原下小院,我不仅感觉到前所未有的踏实,而且分明意识到另一种前所未有的感觉,我是自己把自己逼到再无选择余地的一棵树上摘桃子的猴子了。踏实里的某种压迫,具体到摊开稿纸直面白嘉轩们的时候,我感觉更沉静也更专注了。我依旧到灞河里洗浴,依旧到山坡上欣赏此起彼伏的蚂蚱

陈忠实

>>> 陈忠实从丈八沟回到原下,既感到前所未有的轻松,也有另一种感觉。

的合唱,自然免不了和东村或西村的棋友纵车跃马,还有颇可以胜任而自信的账房先生的差使。至于三个正在上大学和中学的孩子的这事那事,家务杂事等等,我都视为不可推卸的事认真去做,做完再回到小书屋摊开稿纸。

临近《白》书完成时,又出了点意外干扰,一位喜欢写作的本区乡党,为一家发行很大的本地晚报写了一篇文章,内容是说我写完了《白》书。我看到报纸上的这篇文章时,几乎噎得喘不过气来,且不说那些道听途说的关于《白》的内容,关键是当胸击中我的忌讳,作品在完成之前是一直捂着不说的。我把这种心态比拟为蒸馍,馍未蒸熟之前是不能揭锅盖漏气的,否则就会弄成一锅半生不熟的死面圪垯了。这位熟人不打任何招呼的举动,如同揭去了我即将蒸熟的馍锅的锅盖,那种措手不及的感觉有如噎死,然而又无可奈何。经过几天调整,自己安慰自己,好在《白》已接近完稿,漏一点气已无碍大局,待噎住的气平喘之后,重新坐下来面对稿纸。

进入1991年的深冬,陪大女儿在西安城里读书的老母亲双腿出现问题,属老年性病变,无法支应买菜做饭的家务。我的妻子当即进城代替母亲,另两个孩子都在中学寄宿读书,原下小院便只剩下我一个人了。我的写作没有受到什么影响,自己打火做饭,还有洗锅涮碗,虽然不大熟练,很快也就适应了。其实倒也简单,妻子走时给我擀下并切好一大堆面条,我只需把它煮熟就可以止饥了;还留下不少的馍,我在火炉上把馍烤得焦黄,竟是无与伦比的美味享受。得着空闲,她回家来给我送馍,少不了擀面条。她忙时,我便赶到城里家中,再背馍回原下,似乎也没觉得艰难或者说艰苦,也许少年时背馍进城念书已是轻"足"熟路,差别仅仅在于,少年时为读书从乡下把馍往城里背,现在为写作把馍由城里往乡下背,看来我这大半辈子都离不开背馍的生活情趣了。

准确无误地记得一件事,1991年农历腊月,妻子最后一次送补给品——擀好的面条和蒸熟的馍回来,临走送她出小院时,我说,你不用再送了,这些面条和馍吃完,就写完了。妻子突然停住脚问,要是发表不了咋办?我几乎没有任何迟疑地说,我就去养鸡。妻子转身出门进城去了。

我说养鸡不全是调侃。《白》写到最后接近完成的这个冬天,我自然不会不考虑出版的可能性。从最坏处着想,往往是我考虑问题的习惯,如若不能出版,无论是因为什么原因(作品本身不够出版水准,或是业已出现的出版政策回缩的制约),我都不会继续以写作为专业的生活了。道理是无需别人点明说透的,当专业作家已经整整十年,且已挂上在习惯里被看做老年年龄区段的五十岁,写出的长篇小说出版不了,我就考虑实行自我调整,以养鸡为专业或者说主业,把写作的爱好重新摆置到业余的位置。这种考虑不仅是因为经济拮据生活困窘,更不堪的是专业作家这块牌子造成的精神压力难以继续承受。我想做一个养鸡专业户,不仅可以较快地改善甚为困窘的家庭经济状态,

>>> 陈忠实告诉妻子不用再送干粮了,小说就要写完了。妻子问要是出版不了咋办,他说,就去养鸡,做一个养鸡专业户。

养鸡劳作之余,写点小说或散文,才可能享受写作的快感和愉悦。

  这是临近1992年农历春节前的真实心态,此时大约只剩下最后两章了。已经有了当养鸡专业户的打算做退路,完成《白》的最后两章的写作心态就更为沉静了。

十五　生命历程里的一个下午

　　至今依旧准确无误地记着，写完《白鹿原》书稿的最后一行文字并画上最后一个标点符号的时间，是农历1991年腊月二十五日的下午。在原下祖居的屋院专业写作生活过了接近十年，不知不觉间我已经习惯了和乡村人一样用农历计数时日，倒不记得公历的这一天是几月几日了。

　　那是一个难忘到有点刻骨铭心意味的冬天的下午。在我画完最后一个标点符号——省略号的六个圆点的时候，两只眼睛突然发生一片黑暗，脑子里一片空白，陷入一种无知觉状态。我坐在小竹凳上一动也不能动，是挺着脖颈木然呆坐，或是趴在摊开着稿纸的小圆桌上，已经无记。待到眼睛恢复光明也恢复知觉，我站起身跨过两步挪移到沙发上的时候，才发觉两条腿像抽掉了筋骨一样软而且轻。

我背靠沙发闭着眼睛,似乎有泪水沁出。在我刚刚感到力量恢复的时候,首先产生的是抽烟的本能欲望。我点燃了雪茄,当是我抽得最香也最过瘾的一口烟。眼前的小圆桌上还摊开着刚刚写成的最后一页手稿纸,似乎还不敢完全相信,这个长篇小说真的就这么写完了!我在这一刻的感觉,不仅没有狂欢,甚至连往昔里写完一部中、短篇小说的兴奋和愉悦都没有。我真实的直接的感觉,是从一个太过深远的地道走到洞口,骤然扑来的亮光刺激得我承受不住而发生晕眩;又如同背负着一件重物埋头远行,走到尽头卸下负载的重物时,业已习惯的负重远行的生理和心理的平衡被打破了,反而不能承受卸载后的轻松了。直到现在回想并书写这种意料不及的失重情景时,我还是有点怀疑单纯是因为拖得太久的写作造成失明、晕眩和失重的生理现象,似乎与《白》书最后写到的人物结局不无关系。当时的情景是,在我点着雪茄的时候,眼前分明横摆着鹿子霖冻死在柴火房里的僵硬的尸体。这是我刚刚写下的最后一行文字:"天明时,他的女人鹿贺氏才发现他已经僵硬,刚穿上身的棉裤里屎尿结成黄蜡蜡的冰块……"这个被我不遗余力刻画其坏的《白鹿原》里的坏男人,以这样的死亡方式了结其一生。写到这一行文字时,我隐隐感觉到心在颤抖,随之就两眼发黑脑子里一片空白了。在我喷吐着的烟雾里,浮现着"棉裤里屎尿结成黄蜡蜡的冰块"的鹿子霖的僵硬的尸体,久久不散。这个浮现在烟雾里的坏男人的尸体,竟然影响到我写完《白》时应有的兴奋情绪,也是始

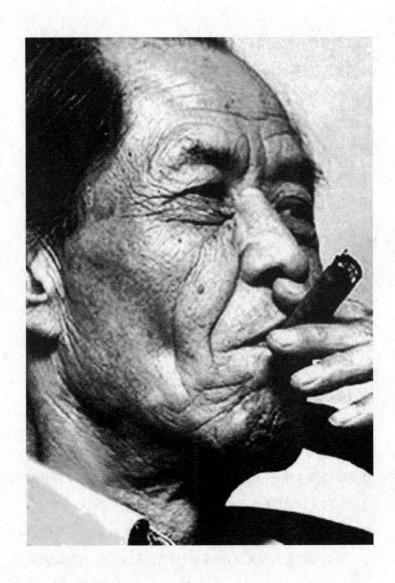

>>> 农历一九九一年腊月二十五的下午,《白鹿原》写完了,陈忠实首先产生的是抽烟的本能欲望。

料不及的事。

南窗的光亮已经昏暗。透过南窗玻璃,我看到白鹿原北坡的柏树已被暮色笼罩。尚不到下午5时,正是一年里白天最短的时月。我收拾了摊在小圆桌上的稿纸,便走出屋子,再走出小院。村巷里已不见人影,数九寒天傍晚的冷气,把大人小孩都逼回屋里的火炕上去了,游走在村巷里的鸡也都归窝上架了。这是冬天里日落之后天天都重复着的景象。我已经难以像往常一样在这个时候守着火炉喝茶。我走下门前的塄坡,走在两排落光了叶子的白杨甬道上,感觉到灞河川道里如针扎一样的冷气,却不是风。我走上灞河的河堤,感觉到顺河而下的细风,颇有点刀刺的味道了。不过,很快就没有知觉了。

我顺着河堤逆水而上。这是一条自东向西的倒流河。河的南边是狭窄的川地,紧贴着白鹿原北坡的坡根。暮色愈来愈重,原坡上零散的树木已经模糊,坡棱间的田地也已经模糊,只呈现出山坡和塄坎的粗线条的走势,把这个时月里干枯粗糙的丑陋全部模糊起来了,倒呈现出一种模糊里的柔和。我曾经挑着从生产队菜园里趸来的黄瓜、西红柿、大葱、韭菜等蔬菜,沿着上原的斜坡小路走上去,到原上的集市或村庄里叫卖,每次大约可以赚来一块钱,到开学时就装着攒够的学费到城里中学报名了。我曾经跟着父亲到原上的村庄看社火,或秦腔。我曾经和社员一起在原坡上翻地,割麦子。我曾经走过的熟悉的小路和田块都模糊了。我刚刚写完以这道原为载体的长篇小说。这道真实

>>> 不到5点,陈忠实便走出屋子,走出小院。

的熟悉到司空见惯的原,以及我给这原上虚构的一群男女人物,盘踞在脑子里也盘踞在心上整整六年时间,现在都倾注在一页一页的稿纸上,身和心完全掏空的轻松竟然让我一时难以适应。我在河堤上快步走着。天色完全黑下来了。黑夜的微弱光色里,我走到河堤的尽头了。我不知累也不觉冷,坐在临水的一条石坝上,点燃一支烟,脚下传来河水冲击石坝的婉转的响声;"哗哗"的响声里,间隔着会有铃铛似的脆响。鹿子霖僵硬的尸体隐去了。我的耳朵里和脑海里,不间断地流淌着河水撞击石坝的脆响。腊月数九的白鹿原下的灞河川道里,大约只剩下我在欣赏这种水流的妙音。

我不记得坐了多久,再站起来转身走向来路的时候,两条腿已经僵硬到挪不动步子,不知是坐得太久或是太冷造成这种麻木。待到可以移步的时候,想到又要回到那个祖居的屋院,尤其是那间摆着写作趴过四年的小圆桌和已经破损的小竹凳,竟然有点逆反以至恐惧。然而,我在河堤上还是快步往回走,某种压抑和憋闷在心头潮起,真想对着南边的原坡疯吼几声,却终于没有跳起来吼出来。已经走到该下河堤的岔口时,我的胸间憋闷压抑得难以承受,想着这样回到小院会更加不堪,索性又在堤头上坐下来抽烟。打火机的火光里,我看见脚下河堤内侧枯干的荒草,当即走下河堤,点燃了一丛菅草。火苗由小到大由细到粗,哗哗哗蔓延开去,在细风的推助下,火苗顺着河堤内侧往东漫卷过去,发出"哗哗吧吧"的响声。我早已重新走上河堤,被烟

>> > 陈忠实走回小屋,打开灯,心里也感到敞亮,又打开录放机,顿时秦腔响了起来。

陈东宝

熏呛得大咳不止泪流不止。弥漫着的烟气里,我能嗅出一阵是蒿草的臭味,一阵又是薄荷的香味,自然还有营草马鞭草等杂草的纯粹的熏呛味儿。火焰沿着河堤内侧往东烧过去,一会儿高了一会儿低了……我的压抑和憋闷散失净尽了,鼻腔里还残留着蒿草的臭味儿和薄荷的香气儿,平心静气地走下河堤,再回到小院。

  我打开每一间屋门,拉亮电灯,还有屋前凉台下的照明灯,整个屋院一片亮光,心头也顿觉畅朗光明了。我打开录放机,特意选择了秦腔名角脍炙人口也普及到城乡的《花亭相会》,欢快婉转的旋律和生动形象的唱词,把一对青春男女的倾爱演绎得淋漓尽致,妙趣迭出。这是我平时放得最多的磁带之一,往往会改变人的情绪。我的满屋满院的灯光和秦腔的声响全都泄出小院围墙,竟然招来两三位热心的乡党,以为我家有什么不寻常的事要办,问我要不要帮忙。我竟忽略了这一点,乡村人为节省电费开支,总是选择瓦数很小的电灯泡,临街的窗户只有昏黄的灯光,这种屋院通亮的景象,只有在办红事白事或建造新房的时候才会出现。我当即向他们解释什么事都没有,只是想敞亮豁朗一下。为避免招惹更多的热心乡党过来询问,我把院子里的电灯熄灭了,房间里的灯依旧亮着,《花亭相会》的旋律和动人的唱腔也继续着。我开始动手点火烧水,为自己煮一碗面条。

陈忠实

这是我几年来吃得最晚的一顿晚饭,也应该是几年来吃得最从容的一碗面条,且不论香或不香。尽管从草拟到正式稿写作的四年里基本把握着以沉静的心态面对稿纸,然而那道原却时时横在或者说楦在心里,虽不至于食不甘味,心理上很难感到一种从容。现在,横着或者更确切地说楦在心里的那道颇为沉重的古原,完全腾空了,经过短暂的不适和诸如烧野火的释放之后,挑着面条的时候已经是一种从容了。我只能找到从容这个词表述吃着面条时的心态。我做完了一件事情。这是我在写作上做的前所未有的耗时费劲和用心的一件大事,尚不敢预测它的最后结局,或者说还不到操那份心的时候,仅仅只是做完了这件事。做完以后的轻松和从容,我在火炉旁吃着面条的这个寒冬的深夜,充分地享受到了。

我睡了一个自来醒的好觉。我骑自行车赶到远郊公共汽车站始发站,乘车进城,这是许多年来别无选择的一条轻到不能再轻熟到不能再熟的轻车熟路了。敲开屋门。开门的是妻子。我说:"完了。"连"写"字都省略了。她也平淡地回了一句:"完了就好。"她不惊奇是心中有数,大约十天前她回乡下给我送给养的时候,临走时我告诉她,等这些馍和面条吃完,我就可以写完了,年内不用再送吃食了。

她是第一个知道我写完《白》的人。此后很久,我没有告知任何人。不单是我不想张扬,也不光是我习惯于"馍未蒸熟不能揭锅跑气";刚刚写完的稿子还得再过一遍手,尚需一些时日……最后觉得,无论如何,当下拿出去是不合时宜的。出于这样的考虑,我便不想把写完长篇小说的事告诉别人。我的从容的心态,也与这个因素不无关系。

  从容而又轻松地过罢春节初五,我在原下的小书屋打开《白》的手稿,开始修改,我把这项工作习惯叫做"再过一遍手"。我充分感受或者说享受着这种再轻松不过的工作。我的工作主要是文字审阅,把写作过程中的疏漏弥补起来,错字别字和掉字自不必说,尤其是通篇试用的叙述语言,比较长的句子容易发生毛病,需得用心阅审。然而,毕竟已有既成的文字,比不得写作时的专注和倾力,相对而言轻松多了。我记得有一两个情节被重复交代过,倒是始料未及,自然都做了处理。我在这种轻松的工作里,感觉到在开笔写正式稿时的想法是正确的,考虑到这部小说文字比较多,再写第二遍稿将是不堪设想的事,必须一遍成稿,就得充分酝酿,尤其是叙述文字的把握,必须一步到位。另外一个纯属个人创作的"忌讳性"感受,第一次陷入在那些既陌生又熟识的人物的情感世界和其身临的生活环境的时候,迸发出来的文字往往是最恰当最准确的,甚至常常有始料不及的出奇的细节涌现出来,让我享受到任何奖励都无可替及的陶醉。当某部(篇)作品写完,人物和人物生活的环境都成为熟人旧地了,新鲜感也随之淡化甚至消失了。如果写得不尽如人意,要想

陈忠实

26……

第26页

炕接纳过五个姿态各异的女人,又摇走了五具同样僵硬的尸体。打发这五个女人花费的粮食棉花骡子和银元合计起来投得四半个家当且在其次,是健是心绪太坏了。他躺在炕上既不唉声叹气也不难过,只是乏力和灰心。他觉得手足轻若片纸,没有一丝力气,一股轻风就可能把他扬起来抛到随便一个旯旮里无声无响。世事已经十分茫然,与他没有任何牵涉。他躺在炕上直到天黑,听见母亲叫他吃晚饭,他说不饿不想吃了。母亲又喊鹿三。鹿三不好意思独自吃饭把他搀扶起来开导他。他劝鹿三快去吃饭不要等自己。鹿三在院里蹲着咚下吞食饭食的声音很响,吃得又急又快。他真不喜世上有这样亲切的响声。

母亲拾掇完灶间扣了立院子里甩打身上的

>>> 陈忠实打开手稿,再"过一遍"。

重新写作，或者做重大修改，最大的障碍不是费时费劲的劳作，恰恰在于对人物和环境的新鲜感的淡化和消失，很难再恢复重现，以至文字叙述常常都发生迟钝和艰涩。这是我多年写作的个人感受，显然有违"文不厌改""千锤百炼"的古训，权且只作为个人的"忌讳"，然而又不易改变。基于这种个人创作的"忌讳"，我把《白》的第一遍稿当做正式稿去写，现在修改起来就很轻松了。

　　这种再过一遍手式的轻松的修改，除了上述再阅审再把握的用意之外，还有某种自我温习乃至自我欣赏的感受。这部书稿的正式稿写了四年，到我这时打开第一页再读的时候，已经有了不算太久却也不近的时空距离，尤其是前边的大部分篇章，我早已从白嘉轩们的情感世界走出来，进入一种冷静的心态，有如看自己幼年用刀子刻在裸露的房柱和木梯上的字和画。我常常会感到小小的得意，当时竟然写出这么一句颇为传神的对话，抑或某一个令人哑然失笑的细节，确信如果现在重写肯定写不出来了。然而，更多的时候却是犹疑不定的心态，眼下正在重新阅读的这些描写白嘉轩等人物的人生故事，如果某一天真的有幸公之于世，读者会有兴趣吗？近百年前的白鹿原上的一伙乡村男女的生活故事，会招惹正倾慕现代化生活方式的当代人的眼球吗？在我的感觉里，20世纪90年代初的社会氛围，常常是西方吹进的一股又一股风酿制成社会热点。造成这种犹疑不定心态的另一个因素还在自身，从构思到草拟再到正式稿完成的六

陈忠实

年时间里,白嘉轩、鹿子霖、朱先生、田小娥、鹿兆鹏、白灵们的生命历程,在我心里不知审度再审度体察再体察了多少回,他们横在或者说楦在我心里六年了,可以说真正属于烂熟于心。熟悉到烂熟的状态,不可避免地发生的负面效应不仅是不新鲜,甚至形成某种无感觉状态,很难把握读者阅读时可能发生的真实反应了。即如一些构思和写作时曾经让我手抖心颤的情节,也因为烂熟而缺失了新鲜,也就难以推测读者阅读时会不会感兴趣了。这种疑虑的心态无法排除,却也无法改变业已完稿木已成舟的现实,仍然继续着修改。

修改是轻松的,因为确定尚不急于拿出手,修改更没有急迫的因由。乡村正月是一年里最轻松自在的日子,许多在"文革"中禁绝的庙会已经恢复,而且越来越热闹,耍社火,唱秦腔,农村能工巧匠制作的小农具,各种植物种子和树苗,都赶到庙会上来出售,更缺少不了多种民间小吃。我常常经不住幼年记忆里庙会场景的诱惑,骑着自行车和村子里的乡党搭帮结伙去逛庙会,《白》的修改迟一天早一天完成没有什么实际意义。这种轻松自在的日子大约过到正月下旬,也是公历2月下旬的一天,早晨起来听中央人民广播电台的新闻,突然听到邓小平"南巡"的消息。电台播出了小平"南巡"到一些地方即兴说的话,我至今还记得其中的两句,"思想要再解放一点","胆子要再大一点"。我的心有一种被撞击的感觉,竟然有按捺不住想要欢呼的欲望。我对这两句语录的敏感以及它的不可估量的伟大意义,几乎是切身

>>> 从酝酿到写出草稿的六年时间里,白嘉轩、鹿子霖、朱先生、田小娥、鹿兆鹏、白灵们的生命历程,在陈忠实的心中一遍遍审量,已烂熟于心。

陳忠實

的直接的感应,中国改革开放要进一步解放思想,必然要破除某些思维定势的禁锢;而要打破制约改革开放的某些不无复旧色彩的条律,需要创造性思维的胆量。邓小平号召并鼓励解放思想,中国的改革大局必将发生大的转机。在这样的社会背景下,作为更为敏感的文学艺术事业,必然会率先破禁而出,"收得太紧"的文艺政策肯定将要放宽。几乎就在这一刻,我便断然决定,把《白》稿拿出手,甚至有点懊悔,此前的修改进行得太轻松太自在了。

我当即决定给人民文学出版社编辑(兼任《当代》杂志副主编)何启治写信,报告长篇小说《白》已完稿,正在做最后的修改,并确切地告知他,3月下旬将完工。这个时限经过认真算计,并留有余地,我的家事颇多,把可能耽搁的时间做了充分预算。这里要简略说一下我和何启治的交情。在1973年冬季,我便认识了何启治,刚刚恢复出版工作的人民文学出版社派他到陕西组稿,那时候的老作家一般都在被批判之列,约稿对象自然就是"工农兵"业余作者了。他到同样是刚刚恢复工作的陕西省作家协会(当时叫陕西省文艺创作研究室,以示和旧作协的区别)了解情况,在刚刚恢复出刊的《延河》杂志(改称《陕西文艺》,昭示与旧《延河》的区别)看到了我写的短篇小说《接班以后》,便找我约稿。我那时在人民公社(即乡镇)工作,上级恰好确定我到南泥湾"五七"干校接受劳动锻炼,并到上级机关西安郊区开会听取具体安排。老何赶到西安南郊的小寨,待我开完会后见面,并

陈忠实

>>> 修改是轻松的,陈忠实常常骑自行车游玩。

站在小寨十字街头说事。他说他看了我的短篇小说《接班以后》,以为这是一个长篇小说的框架,充分展开来写,便会是一部不错的长篇小说。我几乎被他的热情吓住了。《接》是我写成并发表的第一个短篇小说,长篇小说在我完全是不可想象的遥远莫测的事,便不敢应诺。他耐心地说服我,并举出两位在陕北插队的女知识青年正在合写一部长篇小说的事,为我壮胆。我仍不敢应诺。然而,我和他从此却成为朋友,常有书信往来。到改革开放文艺复兴的好时代,他编《当代》,我把第一部中篇小说《初夏》送他,几经修改,终于发表,并获《当代》奖。在后来的交往中,他仍不忘长篇小说的约稿。我便承诺,如果今生会发生长篇小说的写作,第一个肯定给他。从 1973 年年末和他年初识并约稿,到 1992 年年初写完《白》,并决定写信告知他的时候,整整二十个年头了。

我在信里说明了几件事,到 3 月下旬就完全可以脱稿,由他派人来取稿,或由我送稿,请他决定。需要说明,此前他曾在见面时告知我,如果长篇小说写成,会派人来取稿。我在信中还申述一点,希望他能安排一位文学理念比较新的编辑做责编。很快收到他的回信,到 3 月下旬派人来取稿。到了这个时候,"人民文学出版社"这块牌子突然对我形成压迫,这是国家级出版社的大牌子,要通过其出版水准,谈何容易。我在珍重并信守和老何的约稿承诺的意识里,似乎把这块大牌子的压迫淡化了,当真有两位编辑要来拿书稿的时候,我才敏感到某种压迫。

前来拿稿的编辑是高贤均和洪清波。那时候我还没有电话设备,老何把火车车次告知陕西作协,作协把电话打到我所在的乡镇,由通讯员把一绺电话记录送到我手里,高、洪两位所乘火车到西安的时间是西安天明的时候。事有凑巧,在我刚刚看完电话留言的时候,村子里的赤脚医生扶着我母亲走进院门,说母亲血压升高到危险的度数。随即扶母亲躺到床上,挂上了输液瓶,同时也就瘫痪了,我坐在床边侍候。更让人意料不及的是天公也凑热闹,这天夜里下了足有一尺厚的雪。天不明我便起身,请来一位乡党照看母亲,因为积雪封路,我便步行七八华里赶到远郊汽车站,搭乘头班车进城。在高、洪两位贵客走出车站时,我和他们握了手。我的《白》的修改还剩下三四章,至少还需一天时间做完。安排完高、洪的食宿,我又赶回原下老屋,一边做最后几章的修饰,一边管护输液的母亲。我记得很清楚,1992年公历3月25日早晨,我提着《白》书的手稿赶往城里,在陕西作协招待所的房间里,把近五十万字的厚厚一摞手稿交给高贤均和洪清波的那一刻,突然涌到口边一句话:我连生命都交给你俩了。我把这句话还是咽下去了。我没有因情绪失控而任性。我那一刻几乎同时意识到,这种情绪性的语言会给高、洪造成压力,甚至不无胁迫的意味,我便打住。我从事创作多年了,常识或者说不争的无数事实是,出版社出书是以作品的质量为准绳的,不是以作者投入的程度和付出的劳动多少说话的。

这天中午,我约高贤均和洪清波在家里吃午饭,是我妻子用心做的饺子。两位编辑很随和,连口说饺子好吃。我相信不完全是客套话,因为饺子的内馅有新春的头茬韭菜,我吃着也觉得新鲜。说真话,我那时候没有请他们进餐馆的经济实力。

下午,我送他们去火车站。他们要赶到成都去参加一个文学笔会。

天黑时赶回乡下老屋院,先看卧床的母亲。母亲说,她的腿可以动了。我的心里真可谓一块石头落了地,不由慨叹,在我完成最后一笔文字并交稿的这一天,天灾人祸竟然都来凑热闹了。好了,《白》的手稿由高、洪带走了,母亲的病也大有转机,我在点着一支烟的时候,竟然是一种前所未有的松弛到轻和软的感觉。

我捅开火炉,早春乡村的深夜寒气仍然很重。电灯光泄出到小院里,月季的枝头影影绰绰可以看到新冒出的叶芽,再远处就是白鹿原北坡在星光下粗略的轮廓了。我喝茶,抽烟。隔壁屋里偶尔传出母亲轻声的呻吟。我不想看书,什么书都不想看,就那么坐着喝着抽着。多年来形成一种潜意识习惯,只要一个人独处,如果不动笔,总要捞上什么书或报刊翻看,这时候却什么也不想看,连我自己一时都想不到这种心理变化,竟然厌倦阅读。

这个世界距离我很远。亲朋好友都远得缥缈,只剩下我一个人面对着星光下白鹿原的北坡。我心上悬着两个刚刚认识的人,就是拿走《白》书手稿的高贤均和洪清波,高贤均爽朗的蜀地口音和洪清波总显得羞涩的眼神。他们拿着我的手稿,正乘坐

陈忠实

>>> 陈忠实把书稿交给两个编辑的那一刻,仿佛把生命交给了他们。

在由关中进入蜀地的火车上。我自然会想到他们读后的看法的致命性,却还不至于担惊受怕,不是我自信自己的货色——前述已涉及烂熟到无感觉状态,而是按照当时处理稿件的一般成律,需得较长的时日才会有结果,当下是犯不着太过惦记的。

这样坐着喝着抽着,看似平静里的轻松,内里却开始积聚准备承受那最不堪的关于《白》的结局的心力。

十六　读诗诵词,前所未有的闲情逸兴

高贤均和洪清波拿走《白鹿原》手稿之后,我随即把一份《白》的复印稿送给李星,请他看看成色究竟如何。我瞅中李星完全是别无选择的事,他的文学评论在那个时候开始形成影响,在陕西"笔耕"文学评论组里是最年轻的评家,呈现出全新的锐气,审视和评判是可靠的;还有一个情感因素,他和我属于同代人,认识近二十年了,在一个单位工作又住同一栋楼房,见面既说文学创作,也说到某些新呈现的生活世相,虽不可能完全吻合,却能够坦诚坦白地直抒己见,毫无忌讳,这在有较大年龄差别的人中是难得发生的,起码在我是多所顾及的;更重要的一个决定性因素,是他一年前逼我跳楼的那句话,即路遥的《平凡的世界》获"茅盾文学奖"的消息公布的那天早晨,他带着狠劲儿对我说,你今年要是还把长篇(小说)写不完,就从这楼上跳下去

寻找属于自己的句子

>>> 李星曾对陈忠实说,要是不把长篇写出来,就跳楼去吧!陈忠实把复印稿给他,让他看看成色如何。

(说这句话的环境前文已述,不赘);可见这个同代人的评论家李星关注我的写作,殷切到了完全可以说是恨铁不成钢的状态,我便毫不犹疑地瞅中他来为《白》把握一下成色。

我确实很想听到别人读《白》的真实感觉,如实说来,几乎是迫不及待的一种焦灼心理,更多的是担心乃至害怕。担心和害怕的唯一一点,就是对《白》的阅读反应,且不说完全否定,单是对《白》里所表述的我对那段历史生活的体验和对体验的表述形态如果反应平平,无疑标示着我的失败。我能沉住气在原下的屋院写作四年,现在却按捺不住期待审判的焦灼。读者也许会产生陈某在此故作矫情,反问一句,你自己对你写下的作品难道没有一个最基本的把握吗?我的问题恰恰就出在这里,而且几乎是自喜欢写作几十年形成的一种习惯性心理,这就是,以一种不可抑制的惊喜发生创作冲动,兴味十足地完成构思,满心自信乃至不无得意地进行创作。然而,一当写完最后一个句子,心理便开始发生逆转,这篇(部)写的这种体验,以及试图出新的叙述方式,编辑会有兴趣吗?而且多是否定性的阴影罩上心来。最典型的也是记忆犹新的一次,是1979年初夏写成短篇小说《信任》,就发生了很严重的自我怀疑和否定性心理挫折。这个短篇小说本来是应《陕西日报》老编辑吕震岳的约稿,写完后却不敢送给他,我和他初识一面,既怕他失望,也怕我出丑。我便乘车跑到《西安晚报》编辑张月赓家,想请他先给看看,把握一下成色,再决定要不要拿出手,老张是许多年的老朋友,不怕出丑。

在老张家遇到部队作家丁树荣,快人快语又快手,把《信任》稿接到手先看。他很快读完这篇六千余字的小说,大加赞赏。看他说话的表情和口吻,不像是应酬之词,我才获得一点自信。他自告奋勇由他把此稿送给《陕西日报》老吕,并说明他正好要去老吕那里说事。大约不过一周时间,《信任》在《陕西日报》以整版发出,引起不小的社会反响。随后,《人民文学》转载了《信任》。再随后,竟然获得 1979 年"全国短篇小说奖"。这一年的评奖,是以读者投票选择的方式定夺的。另有短篇小说《霞光灿烂的早晨》写成时,这种自我否定的心理又一次严重发生。这是 1982 年春天的事,写成后锁到桌斗里不敢投寄,直到去延安参加纪念"讲话"发表四十周年活动,想到可以见到作家朋友邹志安,便带着手稿去了。志安读罢连连说好,似乎也不是虚与委蛇的表示,我才壮着胆投寄到杂志,发表后被选刊转载,还有评家评说。这种往往在写成作品后发生的心理逆转,几乎成为一种难以改易的恶性循环,尽管有上述两个短篇小说的切身感受,仍然不能改变这种可能纯属个人的奇怪心态。基于这种心态,我从来不会发生作品刚刚写成便吹牛的事,不是谦虚,而是难能。现在,这部连构思在内耗时六年的长篇小说《白》送出去了,无可避免地又陷入那种自我否定的恶性循环,不仅难以自拔,而且比以往任何一次都来得更严重。因由很简单,这是我第一次试写长篇小说,而且耗时六年,做了怎样的准备以及投入了怎样的努力,都是以前写中、短篇小说难以比对的事。在作品即将完稿的时候,

陈忠实

>>> 陈忠实到延安开会时,让作家邹志安看《白鹿原》,他肯定是部好作品。这是陈忠实与邹志安等作家在一起。

妻子问到"如果发表不了怎么办"的时候,我毫不迟疑地回答说"我就去养鸡",这是真实的心态。尽管已经有这样的心理准备,到了交出稿子面临命运抉择的这个时段到来时,这种恶性循环的自我否定已经发展到自己轻贱的严重程度,想着新潮话语和新潮艺术正热,不仅各种媒体上热播,人们口头相传更热,谁还会对一个偏僻而又无人知晓的白鹿原近百年前的陈年旧事感兴趣?那些老掉牙的乡村男女的故事,怎能吸引正兴趣十足地瞄着新潮生活和新潮艺术的读者的眼睛!我一个人住在空荡荡的原下的屋院,读不进去任何书籍,便找到一本古典诗词集子,强迫自己阅读,企图改善心态,收效甚微,我便大声朗诵,焦灼的情绪略得缓解。

大约过了十来天,估计李星应该读完《白》稿了,我从乡下赶往城里,专意聆听他的意见,不无忐忑。除高、洪两位拿稿的编辑之外,李星无疑是第一个阅读《白》稿的人,也是我能听到意见的第一个人。我进入家属院,拐过弯便看见住宅楼下甬道上走着李星,手里提着一个装着大葱等蔬菜的塑料袋。我叫了一声"李星"。他转过身看见我,却没有说话。我走到他跟前尚未开口。他说:"到屋里说。"我便明白他要说的话自然是关于《白》的看法。我几乎敏感到他说话的表情,原来就不显白的脸居然黑煞煞着,完全没有了印象里见面时不笑不说话的好模样,我便感觉到大事不妙。我跟着他从一楼上到五楼,这个人竟然不说一句话,我的心也沉到底了。进了他家门,他把装菜的袋子放到厨房,依旧硬着脖子连头也不回一下,径直走到他的卧室兼书房的房间。我也跟进了门。李星猛然回过身来,瞪着一双眼睛,用劲儿地捶打着掌心,几乎是喊着说:"咋叫咱把事弄成了!"我站在原地一动不动,就那么僵硬地站着,一种巨大的惊喜,倒把我在这一瞬间冲击得僵硬了。他不管我的反应,自己不坐也不让我坐,在那间小屋子里转过去又倒过来地走着说着,不容我插一句话,全部都是他的阅读感觉,随口随意说来,情绪激动。我站在那儿听着,一种被呼应被理解的幸福感从心底里泛溢起来。那种自我否定的焦灼感被驱散了。许多年过去了,他那天激动激情地说出的好话,我一句都不记得了,只记着他那句"咋叫咱把事弄成了"的话。我后来调侃说,我读过李星不少精辟的小说评论,却记不住一个完整的句子,倒是这句非文学评论语言的话,铸成了永久性记忆。我后来和他开玩笑,有了你这句非评论语言的评价,我不用跳楼了。

  我回到原下的屋院,心情大为改观,被李星提及的人物和情节,竟然不断地浮现出来,这些被我反复斟酌再诉诸文字叙述以后的情节和细节,早已失去了新鲜感,更不会惊奇了,甚至麻木了,现在以一种生动鲜活的景象重新演绎出来,让我享受着一种被人赞赏之后的自我欣赏的愉悦。我的自信开始恢复。尽管尚不知晓高、洪的阅审意见,尽管明白他们两人的意见才是决定《白》的命运的关键,却毕竟从那种最不堪的心态里转换过来。再说,按我既有的常识性估计,高、洪的阅审意见不仅不会轻易

>>> 陈忠实回到原下,自信心开始恢复。

表示，而且需得一段较长的时间；决定出不出某一本书，要经过三审通过，才会有一个确定性的意见告诉作者。我便等待。有了李星的那句非文学评论语言的话垫底，等待的心境改善得很好。

完全出乎我预料的事发生了。见过李星之后在乡下待了不过十天，我再次返城去背馍的时候，竟然收到了高贤均的信。那天进门后依着往常的习惯随意问妻子，外边寄来的信你在哪儿放着。妻子也随意地说在沙发上。我翻检了一下，有一个下署"人民文学出版社"的信封，不禁一愣，仍不敢相信是高或洪的来信，从他们到西安拿走《白》的书稿到这天不过二十天，在我想来看稿也未必看得完。我拆开信先看最后的署名，是高贤均，这一瞬间感到头皮都绷紧了。待我匆匆读完信，早已按捺不住，从沙发上跃起来，"噢唷"大叫一声，又跌趴在沙发上。妻子从厨房跑过来急问出了什么事，我缓了半晌才告知这件喜讯。待我稍得平静，又忍不住细读这封信。高贤均在信里说，他和洪清波从西安坐上火车便开始读《白》稿，一开读便放不下手，两人轮流着读；到成都，利用会议的间隙时间接着读，待成都会议开完，两人都读完了；回到北京，由他综合两人的共同意见给我写信告知。自然，让我震惊到跃起又吼喊的关键，是他对《白》的概括性评价。他的评价之好之高是我连想也不敢想的事。我说这句话不是做谦逊姿态更不是矫情，确凿是当时的真实心态。且不说《白》交稿之后发生的那种习惯性自我否定的反常情绪，即使在为着给自己死时能有一本垫棺作枕的书潜心静气写作的四年时间里,也不曾想到这本书会获得编辑如此高的评价。为着"枕头"的写作是完全指向自己的,是自初中二年级喜欢文学创作而终生都不能舍弃的一种人生兴趣;喜欢了大半生文学创作,如果到死时没有一本可以垫棺作枕的书,我不敢想象离开这个世界时会是几重悲哀;自然,如果自己可以垫着枕着平心静气地告别人世,那么这本书理应不会太差,会有一定的个性化特质的内容和叙述方式。然而,我没有想到会有高贤均如此又高又好的评价,不单是受宠若惊,而且切近地感知到独处原下祖居屋院近十年的选择是适宜于我的。由李星颇为激烈的反应和高、洪甚高的评价,让我直接感知到被理解也被认可的踏实和欣慰,自然想到所有的用心和努力都是合理的。我在平静下来之后对妻子说,"可以不去养鸡了"。

我还是背着妻子为我准备的馍和面条等吃食回到乡下。不久就收到何启治的信,他也读过《白》稿了,自是让我欣慰的评说,却不再有看高贤均来信时的紧张和失态般的癫狂了。我能想到他读《白》稿的特殊心理,二十年前他到西安组稿找到我,在西安南郊的小寨街头,鼓励我把平生发表的第一个短篇小说扩写为长篇小说,把我吓住了。此后许多年里,他仍不断提醒我给他写长篇小说,我和他达成君子协议,如果我今生能写成长篇小说,肯定先送他过目。现在,他看过《白》稿了,不仅说了很多好话,而且给我说了处理稿子的程序和进度。我在原下的院子里

陈忠实

>>> 为"垫棺写书"是陈忠实终生对文学创作的追求;如果有了一本可以垫棺之作,那这部作品也不可能太坏。

散步,或在小书屋里喝茶,以及到春草勃发的原坡上和灞河长堤上游走,往往忍不住感慨我和何启治的交情,二十年了,这个职业编辑一直等待我的长篇小说。人生的有效年龄里,能数得几个二十年啊。我终于把《白》交到他手上,他做这部小说的责任编辑,每想至此,我便感动着一种人格一种真挚的友情是无法斗量的,且不说作为编辑的事业心等话。此后每隔一段时间,他便有信来,告知我《白》稿的处理情况。我完全依托于他,由他根据实际情况处理。我相信他和我一样珍惜这部小说,有损人物不能删节的文字和细节,他比我更坚持。

这无疑是我五十年生命历程中最好的一个春天。我是说我的心情。灞河边上被古人的送别诗吟诵得很美的柳色,原坡上返青的麦苗和田坎塄坡上的荆棘野草,每年也都如此而少有令人惊异的差别。即使天象变化,无非是雨多了雨少了寒流频繁或少来了,我已司空见惯。然而,今年的春天在我是前所未有过的美好,也是前所未见的敏感。我于天色透亮时起床,匆匆喝一杯水,便走到原坡的一处高棱上,看太阳从秦岭山峰上冒出来,把鲜嫩的光泽撒满河川和原坡,刚刚成形的野草的绿叶上的露珠闪闪发光。傍晚又下到灞河川道,看落日之前和之后久久不散的霞光;我常常蹲在村民栽着红苕秧苗的沙地里,为那一株株刚刚冒出的嫩叶而心颤,便想把到秋后地下会有一嘟噜紫红的红苕刨出来。

陈忠实

>>> 《白鹿原》即将出版的这个春天,是陈忠实五十年生命历程中最好的一个春天。

我依旧应邀为办红事白事和建造新房的村民乡党当账房先生，这些差事在这小村子里未必每月都能遇上一回；依旧在不能下地的雨天和夜晚，和那几位相对稳定的棋友下象棋；这种调节和休息毕竟费时不多，更多的时间是在自己小书屋里阅读。这是我预料不到的一次阅读，竟然对几十年不断阅读着的小说（包括名著），在写完《白》稿之后顿然失去了兴趣，竟然想读中国古典诗词了。尽管未能接受高等文科教育，深知国学基础浅而又薄，然几十年来仍然兴趣专注于现当代文学和翻译文学作品的阅读，从来也舍不得把业余有限的时间花费到国产古典辞章的阅读中去。这回突然发生的阅读中国古典诗词的兴趣，也并非要弥补国学基础的先天性不足，再说年届五十记性很差为时已晚了，可以说是没有任何功利目的纯粹欣赏的兴趣。我后来想过，这种欣赏兴趣的发生，在于古典诗词的万千气象里的诗性意境，大约是我刚刚完成小说写作的长途跋涉之后所最渴望沉湎其中的。然而，在《白》的阅审尚未确定的悬心状态里，又很难潜心静气地进入其中，以至用高声朗诵的措施来排解对《白》可能发生的不堪的结局的焦虑。现在，有了高贤均和何启治的肯定，也有李星的别具个性的语言的肯定，我便完全松弛下来了，进入一种最欣慰也最踏实的美好状态，欣赏古典诗家词人创造的绝佳意境就成为绝好的精神享受了。

这是五十年生命历程中空前亦绝后的一段美好时月。往昔里写着中、短篇小说的时候，且不说那些在编辑读后反馈的平平

>>> 陈忠实继续保持着与乡亲们的密切联系,也在书房里静静地读着书。这是他和白鹿原的乡亲们在一起。

的意见,即使甚好的评说,过不久也就淡化了,被新的写作兴趣和追求替代了。这回关于《白》的阅读意见所带给我的这种踏实和欣慰的心理感觉,是前所未有的,也是出版以后再也没能恢复的一种绝好的心境。我这时候才确信为自己死时垫棺作枕的一本书写成了。我向来不表白清高,也基本没有宣示过轻名淡利,在我理解,对于一个作家来说,写作这种特殊的社会职业,本身就不可避免地附着名和利,几乎是如影随形。问题在于以什么途径获取名也获得利,那些世界名著的作者早已谢世,书却流传着,不同民族不同语言的读者被其作品吸引,自然也记住了作者的名字;书籍发行量大,获得的稿酬版税自然不少,可谓名利双收是拒绝也抵挡不了的事。问题恰恰在于,作品不能赢得读者,名难得扬起来,利也得不到,说轻淡名利的话原来没有用处和必要。这个时期的文坛重提这个话题,其语境大约因为商品经济刚刚在中国潮起,波及并影响到文坛,开始出现某些为数不大却较为刺眼的炒作现象,文学圈里多所议论,便有强调轻淡名利的正面言说。我在和文坛相对间距的乡下,也约略听到看到一些炒作现象,却没有愤世嫉俗,而是相信靠炒作"红"起来的作品是难以持久的,依据是古今中外的优秀作品,无一不是依赖自己独有的魅力获得长久的生命力的。我甚至觉得,炒作的结果反倒可能造成炒作者的自我损害,因为炒作行为本身就标示着缺失了探索的勇气和自信,企图以轻松简单的途径获得荣誉,而炒作恰恰耽误了探索的时间,浪费了年华。基于这样对文学写作的理解，我在原下小院津津有味地读着古典诗词，不觉进入夏季，炎热到我在平房小书屋里难以忍耐，便把一张竹椅挪到舍弃已久的祖传上房里。这幢不知住过多少代祖宗的木头房子，隔着一层木制楼板，有了隔断，尽管破烂不堪，却仍有隔热作用，比较凉快，我便能够继续吟诵李白、杜甫、苏东坡和陆游等的诗词，兴致不减。读着读着，竟然也想试一试了，虽然粗浅幼稚，多少可以感知到当年的心态情绪。不妨抄录1992年夏天填的一首词《小重山·创作感怀》，这是我平生填写的第一首词：

春来寒去复重重。掼下秃笔时，桃正红。独自掩卷默无声。却想哭，鼻涩泪不涌。　　单是图利名？怎堪这四载，煎熬情。注目南原觅白鹿。绿无涯，似闻呦呦鸣。

还有这年夏天写的一首《青玉案·滋水》：

涌出石门归无路，反向西，倒着流。杨柳列岸风香透。鹿原峙左，骊山踞右，夹得一线瘦。　　倒着走便倒着走，独开水道也风流。自古青山遮不住。过了灞桥，昂然掉头，东去一拂袖。

这两首词都是1992年夏天填写的，具体时间已经无记。前一首很直白，无需注释。后一首的滋水，是河流原来的名字，秦孝公为宣示霸气，将其改为"霸河"，后人给添加了三点水偏旁，成为"灞河"。这滋水这灞河涌出秦岭山中，受山地制约，朝西流

>>> 陈忠实读中国古典诗词兴味不减,自己也写了诗词。

出山来,南边有白鹿原,北边是骊山南麓,这条河便夹在其中的小川道里往西流去,一条很标准的倒流河。一直流过千古离别送行的灞桥,水里溅落着依依不舍的泪珠,也翻卷着无以数计的诗词吟诵,在摆脱了山和原的挤夹进入开阔的渭河平原,便有一个大转弯,投入渭河。我截止到写成《白》的五十岁,生活的范围都在这条倒流河的水边,我调离公社时刚刚完成了这条河的防洪大堤。我已记不得这首词写作的具体情景,不外乎这样几种可能,许是傍晚落日的晚霞里在河堤上散心,或在水中洗涮黏汗,一时兴起,有了写作的冲动;也许是朝霞初露时在原坡上欣赏日出的壮景,看到自东向西一路蜿蜒过来的披着霞光的河水,便有了某种想要抒发的欲望,然后回到小院的小书屋或老木房里,歌颂这条世界上离我最近的河流。我以往的小说包括尚未面世的《白》,其中的风景描写多有涉及这条河的文字,却几乎全是这篇或那篇小说人物在这条河边发生的人生故事。现在,我直接面对这条河了,这条我平生触摸的第一条河,也是平生都不曾离开的一条河,似乎此时突然意识到这条河从我心里淌过,我的血液时时都受到河水波浪的拍击,与河水融和了。我填写成了这首《青玉案·滋水》,已经是物我相融相寄了。虽自知文字直白,却也直抒胸臆;不为示人,只是一时兴起;也未必太多自赏,倒是留下刚刚写完《白》稿且得到难得的肯定和评说之后的真实情状。平生不敢吹牛,更不习惯炒作,填一首拙词,泄一下窝聚胸间多年的创造欲望之气,于心理乃至生理都是一种释放

寻找属于自己的句子

>>> 灞河流过了千古。陈忠实一直到写完《白鹿原》这五十年的生活，也一直在这条河边。

的需要,词的韵律和平仄都顾不及了。

我后来意识到这一年——1992年,是我人生历程中最自在的一年。前文已涉及我曾两次舍弃工作调动和行政晋级的机遇,而且坚决到毫不犹豫,无非是受着一根对文字敏感的神经的生理制约,也是专注到文学创作的兴趣已经无法改易的心理制约,直到发展为一个具象的"枕头"。这个"枕头"说来单纯到再不能单纯了,在我却时时感受到它的沉重的分量,从幼年的文学兴趣到中年的创作理想,已经凝聚为唯一的生命追求的实现了;这个"枕头",能够让我以欣慰的心情枕着离开这个世界,不应是一个随意打制的东西。现在,有了高、洪、李的已经超过我期待的评说,我很快便从惊喜里沉静下来,以前所未有的轻松里的恬静心态,再看这道原和这条河的时候,完全是一种融入的感觉,原上的一撮土一把草,河里的一掬水,此外似乎再没有什么更大的欲望了。我一个人住在原下祖居的屋院,早晨在小书屋里读苏轼陆游也读李白杜甫;到午时热得受不住时便转移到上房旧屋,房顶掉瓦的小洞射进蓝莹莹的阳光,还在咀嚼那些诗词里绝妙到令我不可思议的用词;晚上似乎更适宜我的心情,把竹椅挪到院子里,喝着茶,回味那些白天尚未记牢的诗句,月亮正悬浮在眼前的原顶上。我向来不说佛,也不问道,我此刻的宁静自然不是从佛家道家修行达到的,而是做成了最想做的事之后获得的。

就在我游走在原坡和河川吟诵古典诗词的这段时月里,市内文学圈里纷纷议论着《白》,那时候没有电话等传话工具,我是

寻找属于自己的句子

>>> 1992年是陈忠实最自在的一年,在原上行走、在诗书中吟味……

丝毫也不得而知。直到有一天返城取干粮,一位我敬重的评论家托人捎话给我,急于要看《白》稿。《白》的那份复印稿我是交李星手的,他读过之后又交给一位朋友读,然后就传读下去。到我这时再问李星时,他也弄不清《白》稿在谁手里,几经追问,在西北大学中文系主任刘建军家里。刘建军是我很敬重的评论家,出版过柳青的《创业史》研究专著,也写过我的短篇小说《信任》的评论,能听到他对《白》的评说无疑是难得的。我找到刘老师家的时候,让我看到生动的一幕,他的书房里摊开着《白》的书稿,卫生间里摊开着一部分书稿,卧室里也散放着几章。他说看似很乱的摆放着书稿,其实是家庭各位成员各读各的书稿部分。一家人都喜欢读,我的心里很受鼓舞,且不说刘老师的评说。我向他说了把书稿交给捎话要书稿的人,又回乡下来了。还有一件记忆不忘的事,后来我收到陕西师范大学当代文学评论家畅广元教授的一封信,谈了他读《白》复印稿的印象。这位教授畅老师也是熟人,往时接触却不密切,他是"笔耕"文学评论组里的主笔之一,出语不俗而有分量,人刚到中年已经脱光了头发,颇给我某种威严的印象。"笔耕"文学评论组的几位主笔,对陕西新时期冒出的几位青年作家一直关注其创作发展动向,却不知是有意分工或是各有偏爱,又都有各自研究的作家对象,关注并指点我创作的是西北大学中文系的蒙万夫教授,写有专论。蒙老师不幸中年早逝,西安文理学院的王仲生教授又偏向于对我写作的关注。以往和畅老师接触不多,他的信里对《白》的概括性评说给我鼓舞,能入得他的法眼,给我再添一份踏实。我记着他在信的末尾谈到一条很具体的意见,即红卫兵挖开朱先生的墓时发现的那块砖头,他说写到辨出一面刻着"天作孽犹可违",另一面刻着"人作孽不可活"的细节就恰到好处,含蓄不露,符合朱先生的个性。我在后边还写了一个细节,红卫兵生气地把这块砖摔到地上,裂开,里面还发现一行字:"折腾到何日为止。"畅老师说这个细节是多余一笔,不仅不合朱先生的个性,太过直白,也太过神奇了。我接受这个看法,却没有及时删节,隐隐着别一种用心,即让神秘而睿智的朱先生对身后几十年的"文革"痛斥一声,一时竟顾不及人物个性和直白弊病了。直到五年后的1997年冬天,"茅盾文学奖"评奖负责人传达两条修改意见,都是朱先生的两句话,却没有这一句。我同意做可能的修改时,经认真斟酌,把这句狗尾续貂的话删去了,这是我的选择,源自畅老师五年前那封信的意见。后来又有朋友说这句话不当删,对"文革"这样的灾难,让朱先生痛斥一句是很解馋的……我却还是偏重于人物性格的合理和完整。好在修改和未修改的版本都在出版发行,读者按自己的兴趣选择,不碍。

这一年的8月,好久不写散文了,又触景生情写下《又见鹭鸶》。自小在灞河水边见多不奇的鹭鸶鸟儿消失多年,这一年的春天在河边有草丛的浅水里,又发现了这白色精灵优雅的姿容,我从春天一直看到夏天,唯恐它另择他乡离开灞河。也许是"蒹葭苍苍,白露为霜"吟诵得沉醉,便把"在水一方"的"所谓伊人"

陈忠实

>>> 这一年,陈忠实还写了已多年不写的散文。

铺陈于文字。这应是我前所未有的颇多闲情逸兴味儿的散文，由此也引发了后来散文写作的持续不减的兴趣。这样恬静的情绪一直持续着。

大约到了秋天，收到何启治有确切安排意见的一封信，已确定《白》在《当代》年末最后一期和1993年第一期各发表一半，单行本出书要等到来年了。从3月交稿到年末在《当代》发表，再到第二年出书，在今天看来似乎拖得太久了，然而在20世纪90年代初还在原来的计划经济运作习惯里，算是正常的出书速度，我也没有早点出书的要求，单是有了这个很确定的发表和出书的安排意见，已经很有盼头了。我在原坡和河川散步，看草木的叶子的颜色日见加深，再变黄，直到树叶纷纷飘落，冬天在一场西北风的侵袭过程里，来到了。

算计着《当代》杂志出版的时间，我找到《陕西日报》既当编辑又兼创作的朋友田长山，请他在报纸写一则书讯，把《白》在《当代》即将发表的信息，告知那些关注这部小说的朋友和读者。在长山的卧室兼书房里，我简单地说明了来意和关于这部小说在《当代》即将发表的情况。长山很快拟出一篇草样。我看了后很坦率地说了意见，不要一句溢美之词，因为这些好话在未被读者的阅读印证之前，应该说是强加；索性不提内容介绍，因为很难概括，只说这部小说写的是1949年以前的乡村故事就行了；不必太强调作者耗时六年的事，也是取决于读者对小说的兴趣，如果读者读不出兴趣，耗时十年也无用，创作时间的短长不是作品的决定因素。田长山是我的老朋友,曾经合作写过一篇报告文学,且获得了全国奖,没有任何可计较的心理障碍。他半笑半梗地盯住我说,这不准说那不能写,倒叫我写啥呀……最后形成百字左右的一则书讯,竟然让两个作家兄弟耗去一个多小时的斟酌。这是《白》书发表和出版前唯一一篇宣传文字。在我来说,这不单是个人处事的性格因素,更多的是对写作的理解。对一部小说的评判,既要文学评论家的审判,更有文学圈外无以数计的读者的阅读判断,这两个方面常常脱节,也有完全一致的先例,印象深的是新时期的《人生》。尽管已有高、洪、李以及后来几位传阅复印稿的刘、畅等评论家的评说,我仍不敢确定发表和出版之后,文学圈外的社会层面的读者会有怎样的阅读反应。如果读者反应冷淡,且不说反感,那些宣传里的溢美之词,无疑就成为对我的反讽。我怕这种结果。

　　刊有《白》书前半部的《当代》出版发行了,我从乡下赶到城里,找到离我最近的一家邮局购买,已经售完。我又赶到西安市最大的钟楼邮局大楼的时候,也已告罄,售货女孩随意地对我说,这期《当代》发表了咱陕西一个叫陈什么的作家的长篇《白鹿原》,我这儿五十本《当代》两天就卖完了,还不断有人来问,你来得太迟了。她还告诉我,更保险的办法是预购登记,可以保证买到明年第一期,并拿出那个登记本,我看到一串陌生的名字,没有一个我认识的人。我没有登记,主要是想到会露出她刚才说的"陈什么的作家"的那个"什么"的答案。尽管没有买到刊物,

寻找属于自己的句子

>>>《白鹿原》面世了。这是首版封面。

心里踊跃着的鼓舞,足以安慰遗憾,那么多我不认识的文学圈外的读者争购《当代》,我感受到一种鼓舞,便回到乡下,读古诗词更有情趣了。我对普通读者的关注,几乎是一种深层心理的敏感。致成这种敏感的因由有两件事,一是20世纪80年代头上,我发表了一批短篇小说,也获过全国奖和地方刊物奖,父亲要看我的小说,看过却不冷不热地说,还是《三国演义》《水浒传》好看。我有一种无以出口的挫败感。再一次是《人生》发表后,我骑自行车回家的路上碰见一位初中同学,他挡住我直言坦诚地说,他听广播听到《人生》,太好了,你怎么弄不出《人生》这样的作品?他也曾经是一位文学写作爱好者。我的挫伤可想而知。许是这两件不经意发生的小事,便铸成了我尤其看重普通读者反应的心理刻记,如我的父亲和我的同学如果有一天会说一声好,也许不亚于评论家的好评。

《白》的出版是1993年6月,真正上市大约已到七八月份了。我应邀到书店为读者签名售书。大约是早晨8时左右,我赶到书店门口的时候,看到了排着看不到尾的长队,竟然有点不知所措,便坐下开始签名,几乎不容抬头,签到12时许,简单吃了午饭,继续签名,直到太阳西沉。形成这种热销的场面,得助于两家广播电台的小说连播。《白》在《当代》发表后,西安广播电台便选中连播,于1993年4月中旬开播。稍后,中央人民广播电台也开始连播《白》,在一天的不同时段,两家电台都在播出。有这么多人排队购买《白》,无疑是两家广播电台播出的直

>>>《白鹿原》出版后,读者排着长长的队签名,陈忠实竟感到不知所措。

接效果。我很清楚,除了《陕西日报》刊登的百字左右的书讯,此间再没有任何对《白》的宣传文字。《当代》杂志的订购和零售册数毕竟有限,能招惹这么多普通读者来争购,我能想到的唯一原因,便是两家广播电台长篇小说连播的效应。此刻,我有自信面对那位恨铁不成钢的初中同学了。只是无法判断,如若父亲还活着,看到《白》会怎么说,他的参照样本太令我畏怯了。

后记　说一回多余的话

在我业已出版的六十余种小说、散文选本和文集中,只有在20世纪80年代初出版第一本书——短篇小说集《乡村》时,我写过一篇不足千字的后记,留下我当时欣喜而又鼓舞却还属按捺得住的情状。后来还给少量几种小说和散文集子写过后记或自序,却不是我的自愿,是责任编辑带有强迫性的要求,在于这几种书属于出版社各种选题的丛书,规定凡入选这套丛书的作者都必须写自序或后记,我不能搞特殊化的例外,便写,以维护丛书体例的统一性。后来找到一种省事的途径,把某一篇短文做自序,后面附加一个"代"字,虽然有点勉强,得了该书责任编辑的宽容,也就了事。

不是我偷懒,也不是我摆什么架子,而是出于我对写作的可能属于偏颇的理解,作家是用作品和读者实现交流的,作家把自

陈忠实

>>> 写后记,本非陈忠实所愿。

己对现实或历史生活的体验诉诸文字,形成独立体验的小说或散文,发表出来,在各种职业各种兴趣的读者那里发生交流,如能获得较大层面读者的呼应,无疑验证了作者表述那种体验的艺术形式的可靠性和可行性,作家的写作用心和探索也就实现了。如果自信作品基本展示了自己的体验,就没有必要作那种多为解释作品的后记,这不仅是相信不相信读者审美能力的事,也是作家自己面对读者自信不自信的事,相信读者会理解作家的体验,也会接受确实较为完美的表述艺术;反过一个角度,如若作品表述的体验得不到读者的呼应,表述的形式又难以为读者所欣赏,那么,后记做怎样的解释都是难以弥补的。我的这种理解可能属于一种偏见,却几十年难以改变,甚至形成一种意识深处的障碍,一当某种丛书统一要求写自序或后记,便有多此一举的逆反。

《寻找属于自己的句子》成书,我却自己反了自己的常态,想要写一篇后记,着意不全在解释这本小册子,倒是想说明这本小册子的成因。

2004年冬天,上海文艺出版社和陕西作协联合在西安召开文兰的长篇小说《命运峡谷》研讨会,责任编辑修晓林和出版社副总编魏心宏都赶到西安来了。两位都是老朋友,相见自然高兴。尤其是魏心宏,已有二十多年的交情,我的第一部中篇小说《康家小院》,甚得他的赏识,在他编辑的《小说界》推出,并获该刊奖,给我刚刚开始的中篇小说创作探索以莫大的鼓舞。这回

陈忠实

在西安刚一见面握罢手,魏心宏直言不讳地对我说,他来西安首先是参加《命运峡谷》研讨会,第二件事就是要约我写自传。他的热情和真诚让我一时哑口。稍做缓解后,我也真诚地告诉他,我还没有写作自传的打算。我又给他解释,自《白鹿原》出版十余年来,先后有五六家出版社约我写自传,我都谢绝了,现在还没有改变。这样给他解释的同时,心里却隐隐有着一缕亏欠。我随后便有了弥补这种亏欠的一个动议,试写《白鹿原》的写作自述,着重点在写作生活本身,而不在作者的自传。他欣然应允,说好。

待魏心宏回沪,我也很快冷静下来,便又有点后悔,陷入一种游移不定的矛盾心态。其实,关于《白》的写作自述这个选题,也不是我突然想到的,是不止一家杂志的编辑给我出的题目,我都谢辞未写。我之所以不写这种创作自述,因由类似于不写自序或后记,作家某一时段发生的某种自以为新鲜而又独特的体验,形成作品并公之于世,这就应该完成了一次创作过程,相信读者会理解作家的体验,也会感知隐藏在文字里的内韵和隐秘,就没有多少必要再说文本或文本之外的话了。基于这种理解,十余年来,除了与记者和编辑的采访对话,我没有写过关于《白》的文字。和魏心宏约定之后,很快陷入写了好还是不写好的矛盾心态,竟然一拖就过了两年。魏心宏没有催稿,我也基本偏向且确定还是不写为好,只是心里还隐隐有着食言失约的亏欠。不料到2007年春天,《江南》杂志张晓红电话约稿,让我写一些

寻找属于自己的句子

>>> 写作《白鹿原》创作手记，陈忠实也有过犹豫。

有关《白》书写作前后的有趣的事。我稍做斟酌之后便答应试一试。我基本爽快答应试写，主要的因由还不完全是她说的"读者对此话题很感兴趣"，而是把隐存在心里的对魏心宏的亏欠又搅起来了。我迅即反应出纯属个人的小打算，试写一篇有关《白》书写作的有趣的事，通过《江南》杂志公之于世，看看读者有何反应，然后再确定要不要接着写下去。如若读者不感兴趣，甚至有负面反应，那自然就该到此为止，亏欠魏心宏的食言失约，也无法弥补了。我很快拟定了四个话题："意料不及的写作欲念""卡彭铁尔的到来，和田小娥的跃现""枕头，垫棺作枕""沉静与松弛"，写下近两万字，送给张晓红阅审，不久便在《江南》刊发出来。

我甚为关注读者对这组文章的反映意见，这决定着《白》的创作自述还有没有必要继续写下去。张晓红那边收集读者反应需得一个过程，倒是和我隔墙办公的《小说评论》年轻主编李国平有反应了，他说的好话不必说了，他决定在《小说评论》分两期连载，并要我继续写下去，继续连载。之后得到张晓红反馈的读者反映，还算鼓舞人，我这时才铁下心来，把这种创作自述写下去，写成一本小册子，以十万多字为限。

这样，从2007年5月写成第一篇，到今年6月初写完最后一个话题，历时整整两年。因为《小说评论》连载，只要赶得上刊物发稿时限，两月写一篇就不会误事（双月刊），写起来就比较松散，几乎没有压迫感。整个写作过程是愉快的，因为所写话题，

寻找属于自己的句子

不仅是自己的亲身经历,写起来竟有一种温故的新鲜;再则经过十余年的沉淀和淘汰,芜杂的东西消逝了,能够留下而不能遗忘的事,无疑是当年思考最激烈包括刺激最强烈的人和事;时间在无意识里助我完成了一次梳理,我选择了十余个话题,如实说来。直到今年春天写成第十五个话题:生命历程里的一个下午。我便作罢,这一篇写到完成写作《白》的情景。在我想来,《白》的写作完成了,创作自述无疑也就应该结束了。字数尚不足十万字,和我预计的字数相当。我把此事说给李国平。他甚为热情地鼓励我再写,应该还有可以言说的话题。我当面不敢应诺,过后斟酌,似乎应该把交出《白》的书稿到公开面世这一年多的感受再写一篇,因为这个过程里,作为作者我的心理起伏变化太富刺激了。再说,书未正式面世之前,还勉强可以归入创作自述。于是写成第十六个话题:读诗诵词,前所未有的闲情逸兴。一直做这个连载责编的《小说评论》副主编邢小利建议我,应该把小说《白》出版后的反应再写一写,尤其是"茅盾文学奖"评奖过程中的波折很值得写一下,因为我是当事人,说明曾经发生的事实真相,给读者一个确凿可靠的真实事相,也可以澄清一些流言。我斟酌之后,还是决定到此为止,唯一的因由,是这本书的体例的制约,既是《白》的创作自述,写作完成了,写作自述也就应该结束了。《白》出版后的诸多反应,以及"茅盾文学奖"评选过程中的波折,已经不属于写作本身的事了。

关于这本书所写的内容,我不做任何阐释,任由读者去阅览,去理解。唯其一点需要说明,从开始写第一篇直到写完最后一篇,我都在意识里亮着一盏红灯,既不能阐释创作理念,更不能解释人物。然而常常发生某些话题写作中难以避免的牵扯,我便努力回避,尽可能不越雷池。只有一次是有意的触犯,便是写《朱先生和他的"鳖子说"》的时候,我写了从生活原型牛兆濂到《白鹿原》里朱先生的异同,很难避免作者解释人物之嫌,便在文中索性说明了这一点。尽管如此,我仍把握一点,只解释朱先生这个人物曾惹起的一些不同意见,包括被误读的几句话,尤其是牵涉政治色彩的话,我不得不做解释。除此之外,关于朱先生这个人物的整体形象和个性,我仍然不做解释。

这本书的内容在《小说评论》连载的两年时间里,我也听到不少好话,无疑给我增添了继续写下去的兴致和劲头,恕不列举,以免自吹之嫌。倒是一位年轻批评家的话值得记取,他给我的手机发来短信,以不容置疑的口吻说,立即停止《白》创作自述的写作,作家说了评论家就没法说了。这个简短的短信,直捣我最软弱的神经,证实了我的担心和忌讳,就是作家不必解释自己的作品,前述我曾在和魏心宏约定之后矛盾迟疑了整整两年不能动笔。我的忌讳,现在被这位"忍无可忍"的年轻评论家的直言证实了。我自然相信他无恶意,因为我和他原本完全一致,只是我后来在"亏欠"心理的不自在情况下,改变主意写起自述来。现在,事已至此,预定要写的内容也只剩下最后一少部分,只能继续写下去,算是了结一件小小的"工程"。

>>> 经过多年的沉淀,能够留下来的,多是当年思考最多的人和事。这是西安大学生主演的话剧《白鹿原》。

陳志實

寻找属于自己的句子

这位年轻评论家曾写过《白》书的评论文章,电话里通过话,却未能遇得谋面机缘,他的坦率令我敬重,当即回话给他,表示完全赞同他的意见,却难得把剩下的小小尾巴舍弃不写。

这本书取名《寻找属于自己的句子》,是决定要写这种创作自述之初便确定下来的。"寻找属于自己的句子"这句话,是海明威说的。此前几年,在读一篇论说海明威创作的文章里,我看到评论家(记不得姓名)引用的海明威谈自己创作的这句话,不觉眼前一亮心里一震,如同淘得一粒金子,竟然一遍成记。我读到过许多作家谈创作的文章,也有不少警句类的语录,启示和受益匪浅。然而读到海明威的这句话时,我的第一反应是,把作家创作这种颇多神秘色彩的劳动,让海明威一句话说透了。这句话很准确,要准确就不容许夸张;这句话又很形象,寻找属于自己的句子,如同勘探者寻矿源;这句话尤其着重在"属于自己"这个划界,可以说把作家的个性化追求一语道破了。任谁都一目了然,海明威所说的"句子",不是通常意义上的白描或叙述的语言句子,"句子"在此不过是一个形象比喻。海明威说的"句子",是作家对历史和现实事象的独特体验,既是独自发现的体验,又是可以沟通普遍心灵的共性体验,然而只有作家独自体验到了;他说的"句子",自然也包括艺术体验,以一种独特的最适宜表述那种生命体验的语言完成叙述。作家倾其一生的创作探索,其实说白了,就是海明威这句话所做的准确而又形象化的概括——"寻找属于自己的句子"。那个"句子"只能"属于自己",

>>> 陈忠实书写的《寻找属于自己的句子》。

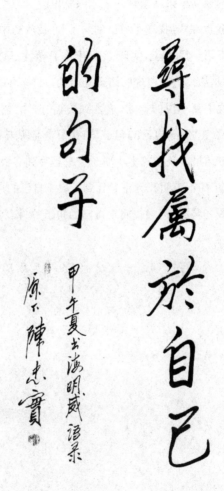

寻找到了"属于自己的句子",作家的独立的个性就彰显出来了,作品的独立风景就呈现在艺术殿堂里。

我也在"寻找属于自己的句子"。我从初中二年级的作文课上写下第一篇小说,实际上就开始了寻找,只是无意识里的盲目,却是从模仿赵树理的语言开始的。许多年后,当我在经过短篇小说中篇小说的探索,进入到长篇《白》的创作时,企图要"寻找"到真正"属于自己的句子"的欲望是前所未有的。然而,欲望不决定结果。我在这本小册子里只是写到寻找过程里的一些零碎的事,却不表明我真正寻找到了属于自己的最好的句子。

我还将继续"寻找属于自己的句子"。

2009 年 7 月 10 日　二府庄